ESPAÑOL LENGUA EXTRANJERA

nuevo ven
Libro del alumno
1

Francisca Castro
Fernando Marín
Reyes Morales
Soledad Rosa

Coordinador de la
Carpeta de Recursos Pedagógicos
(www.edelsa.es)

Carlos Barroso

edelsa
GRUPO DIDASCALIA, S.A.
Plaza Ciudad de Salta, 3 - 28043 MADRID - (ESPAÑA)
TEL.: (34) 914.165.511 - (34) 915.106.710
FAX: (34) 914.165.411
e-mail: edelsa@edelsa.es - www.edelsa.es

Primera edición: 2003
Primera reimpresión: 2004

Autores: Francisca Castro, Fernando Marín, Reyes Morales y Soledad Rosa.

Dirección y coordinación editorial: Departamento de Edición de Edelsa.
Diseño de cubierta: Departamento de Imagen de Edelsa.
Diseño y maquetación de interior: Departamento de Imagen de Edelsa.

Imprime: Altair Quebecor

ISBN (Versión internacional): 84-7711-831-0
ISBN (Versión italiana): 84-7711-836-1

Depósito Legal: TO-549-2004

Impreso en España / *Printed in Spain*

Fuentes, créditos y agradecimientos:

Fotografías:
• Banco de México. Diego Rivera & Frida Kahlo Museums Trust: pág. 125 (a).
• Brotons: Imagen de cubierta y pág. 173.
• Cordon Press: pág. 138.
• Cover: pág. 185.
• Museo de Madrid: pág. 160 (a).
• Rafael García Gil: pág. 77.
• VEGAP: págs. 114 (© Roberto Matta. VEGAP. Madrid 2004), 125 (*Pintor y modelo* © Sucesión Pablo Picasso). VEGAP. Madrid 2004; *El pueblo toma las armas* © David Alfaro Siqueiros. VEGAP. Madrid 2004).
• Vicente Valero y Miriam Moreno: págs. 90 y 101 (5).
• Victoria de los Ángeles López Iglesias: pág. 53 (Museo Nacional Centro de Arte Reina Sofía)

Ilustraciones:
Ángeles Peinador Arbiza

Notas:
- La editorial Edelsa ha solicitado los permisos de reproducción correspondientes y agradece a todas aquellas instituciones que han prestado su colaboración.
- Los imágenes y documentos no consignados más arriba pertenecen al Departamento de Imagen de Edelsa.

INTRODUCCIÓN

Conscientes de los cambios que afectan a las actuales circunstancias de aprendizaje de lenguas extranjeras, aparece **NUEVO VEN**, realizado conforme a los principios de una enseñanza dinámica y participativa, en la que los alumnos se sienten responsables de su propio proceso de aprendizaje y los profesores seguros de que el material utilizado asegura la adquisición de la lengua meta.

El planteamiento metodológico de **NUEVO VEN** está avalado por una larga experiencia en el aula: miles de estudiantes en todo el mundo han aprendido español con **VEN** a lo largo de más de diez años. Por ello, **NUEVO VEN** conserva la claridad metodológica y la facilidad de uso al mismo tiempo que aplica las recomendaciones y sugerencias del *Marco de Referencia Europeo*. Siguiendo las directrices del *Plan Curricular del Instituto Cervantes*, el aprendizaje se articula en torno a los ejes comunicativo, gramatical, léxico y sociocultural.

El *Libro del alumno* se estructura en 15 unidades organizadas de acuerdo con unas secciones que responden a una clara idea del proceso de aprendizaje: desde las muestras de lengua iniciales, los alumnos desarrollan la comprensión oral y practican las funciones comunicativas presentadas en microdiálogos. En las secciones sucesivas, los alumnos trabajan la pronunciación, amplían el vocabulario y refuerzan los exponentes gramaticales a fin de prepararse para una práctica más libre. Cada unidad concluye con una página de contenidos culturales con actividades de comprensión y contraste intercultural.

Asimismo, el portal de Edelsa (**www.edelsa.es**) dedica una página al **NUEVO VEN** en la que se incluyen actividades complementarias que permitirán profundizar en los conocimientos culturales del mundo hispano a partir de documentos reales en la Red.

NUEVO VEN se completa con un *Libro de ejercicios* en el que se refuerza la competencia gramatical a partir de un trabajo sistemático de los exponentes gramaticales y de la revisión de los contenidos funcionales de cada unidad. El *Libro del profesor* incorpora, además de las transcripciones del *Libro del alumno*, las claves de los ejercicios y las sugerencias de trabajo, el CD Audio *Voces de Latinoamérica* con un cuadernillo fotocopiable que incluye actividades de explotación. Como novedad añadida, el vídeo opcional *Apartamento para dos* sigue la progresión de **NUEVO VEN** aportando un soporte visual como material didáctico.

Al finalizar **NUEVO VEN 1** el alumno será capaz de comprender y expresar ideas básicas y cotidianas, tanto de forma oral como escrita, correspondientes al nivel A2 de las directrices del *Marco de referencia europeo*.

Los autores

lingüísticas		Conocimiento sociocultural
léxica	**fonológica**	
• Profesiones. • Nacionalidades.	• Entonación de frases afirmativas e interrogativas. • Signos de puntuación.	• Presentación de los países de Hispanoamérica.
• Profesiones y nacionalidades. • Números del cero al nueve.	• Reconocer la sílaba tónica en las palabras (I).	• Ciudades y Comunidades Autónomas de España.
• La casa: habitaciones, muebles y objetos. • Adjetivos calificativos sobre la vivienda. • Números cardinales y ordinales.	• Reconocer la sílaba tónica en las palabras (II).	• Tipos de viviendas. Barrios españoles e hispanoamericanos.
• La ciudad: establecimientos públicos y medios de transporte. • Números (III).	• Acentuación de las palabras.	• Moverse por la ciudad: Madrid.
• Clases de alimentos. • Aficiones.	• El sonido /X/, la letra "j".	• Hábitos alimenticios.
• Adjetivos calificativos de descripción física y de carácter. • La familia.	• La "r" y la "rr".	• Celebración de una boda.
• Ropa: colores y materiales. • Cantidades y medidas. • La lista de la compra: alimentos.	• El sonido /ϑ/ y las letras "c", "z".	• Lugares para comprar. Mercados y mercadillos.
• Actividades y lugares de ocio. • Meses del año.	• El sonido /k/ y las letras "c", "qu" y "k".	• Fiestas tradicionales en España e Hispanoamérica.
• Lugares de ocio. • Fórmulas para la conversación telefónica.	• La "ñ".	• Lugares y monumentos de interés: Andalucía.
• Expresiones de sorpresa, decepción y aburrimiento. • Accidentes geográficos.	• La entonación exclamativa e interrogativa.	• Pintura española e hispanoamericana.
• Estados de ánimo.	• Acentuación de las formas verbales.	• Música hispanoamericana.
• El clima y el tiempo atmosférico.	• El sonido /g/ y las letras "g", "gu" y "gü".	• El tiempo en Hispanoamérica.
• Partes del cuerpo. • Enfermedades, estados físicos, remedios.	• La "b" y la "v".	• Una visita a Ciudad de México.
• Deportes e instalaciones deportivas.	• La entonación interrogativa.	• La lengua española en el mundo.
• Sucesos y acontecimientos históricos.	• Repaso de esquemas de acentuación.	• Acontecimientos históricos en España desde 1975.

Unidad 1
¡Hola!

Competencias pragmáticas:

- Saludos y presentaciones: decir tu nombre y preguntar a alguien el suyo. Presentar a amigos.
- Información personal: origen o nacionalidad, residencia y profesión.
- Confirmar y corregir información.
- Estrategias de comunicación: preguntar el significado de una palabra.
- Deletrear; el abecedario.

Competencias lingüísticas:

Competencia gramatical
- Masculino y femenino de los adjetivos y sustantivos.
- Presente de Indicativo de *ser, llamarse, trabajar, vivir.*
- Interrogativos (*dónde, qué, de dónde, cómo*).

Competencia léxica
- Profesiones.
- Nacionalidades.

Competencia fonológica
- Entonación de frases afirmativas e interrogativas.
- Signos de puntuación.

Conocimiento sociocultural:

- Presentación de los países de Hispanoamérica.

Lee y ESCUCHA.

Un grupo de turistas está en el Zócalo, en Ciudad de México, esperando para comenzar la visita a la Catedral.

Diego: *¡Hola! Me llamo Diego Ramírez.*
Elvira: *¡Hola!, ¿qué tal?*
Diego: *¿Cómo te llamas?*
Elvira: *Elvira.*
Diego: *¿De dónde eres, Elvira?*
Elvira: *Soy española. Y tú, ¿eres mexicano?*
Diego: *Sí, soy de Veracruz.*
Elvira: *¿Y dónde vives? ¿Vives en Veracruz?*
Diego: *No, vivo en Ciudad de México.*

1 **Escucha otra vez y CONTESTA.**

a. ¿Cómo se llama el hombre?
b. ¿Es mexicano Diego?
c. ¿De dónde es Elvira?
d. ¿Dónde vive Diego?

Para ayudarte

• **Decir tu nombre y preguntar a alguien el suyo**
A. *¿Cómo te llamas?*
B. *Me llamo Laura.*

• **Origen / nacionalidad**
A. *¿De dónde eres?*
B. *Soy colombiano/a.*
   Soy de Veracruz.

• **El lugar de residencia**
A. *¿Dónde vives?*
B. *En Bogotá.*

	Masculino	Femenino
	Él es...	Ella es...
México	*mexicano*	*mexicana*

2 **PRACTICA en parejas.**

A
- Pregunta el nombre de B.
  ¿Cómo te llamas?
- Pregunta la nacionalidad.
- Pregunta la residencia.

B
- Responde con el nombre.
  Me llamo...
- Nacionalidad.
- Residencia.

Lee y ESCUCHA.
Al terminar la visita...

> Elvira: *Diego, te presento a una amiga. Se llama Carla.*
> Diego: *Hola, Carla. ¿Qué tal?*
> Carla: *Hola, Diego.*
> Diego: *¿Eres argentina?*
> Carla: *No, soy brasileña.*
> Diego: *¡Hablas español muy bien!*
> Carla: *Bueno, soy profesora de español.*
> Diego: *¡Ah, claro!*

3 **Escucha otra vez la cinta y SUBRAYA la palabra correcta en cada frase.**

a. La amiga de **Elvira** / **Diego** se llama Carla.
b. Carla es **brasileña** / **argentina**.
c. Carla es **profesora** / **estudiante** de español.
d. Carla **habla** / **no habla** español.

Para ayudarte

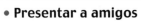

- **Presentar a amigos**
A. *Te presento a Carla.*
B. *Encantada, Carla.*

- **Confirmar y corregir información**
A. *¿Eres colombiana?*   A. *¿Vives en Caracas?*
B. *Sí, soy colombiana.*   B. *No, vivo en Bogotá.*

4 **RELACIONA las preguntas con las respuestas.**

a. *¿Cómo te llamas?*   1. *Vivo en Barcelona.*
b. *¿De dónde eres?*   2. *Me llamo Jorge.*
c. *¿Eres colombiana?*   3. *Soy de Perú.*
d. *¿Dónde vives?*   4. *No, soy mexicana.*
e. *¿Vives en México?*   5. *No, vivo en Veracruz.*

5 **PRACTICA con tu compañero. Completa la información de cada personaje con los datos que faltan.**

A

Se llama Eva.
Es peruana.
Vive en...

Eva

Se llama...
Es...
Vive en Ciudad de México.

Se llama Cristina.
Es...
Vive en...

Cristina

B

Se llama...
Es chilena.
Vive en Santiago.

Raúl

Se llama Raúl.
Es mexicano.
Vive en...

Se llama...
Es...
Vive en Cuzco.

B. ¿Estudias o trabajas?

Lee y ESCUCHA.
Diego habla con Janet, una turista canadiense.

Diego: *Janet, ¿tú qué haces?, ¿estudias o trabajas?*
Janet: *Trabajo en un banco francés, soy abogada.*
Diego: *Pues yo soy estudiante. Estudio Arte en la universidad.*
Janet: *¿Ah, sí? ¡Qué interesante!*

1 CONTESTA verdadero o falso.

	V	F
a. Diego es profesor de francés.	☐	☐
b. Janet trabaja en un banco.	☐	☐
c. Janet es abogada.	☐	☐
d. Diego es estudiante.	☐	☐
e. Diego estudia en la universidad.	☐	☐

2 ESCRIBE las preguntas para cada una de las respuestas.

a. ....
Soy abogada.
b. ....
Soy noruega.
c. ....
¿Yo? Estudio.
d. ....
Estudio Económicas en la universidad.

Para ayudarte

• **¿Qué hace?**

Él es...	Ella es...
profesor	profesora
abogado	abogada
estudiante	estudiante

• **Profesión**
A. *¿Qué haces?*
B. *Soy abogada.*

3 PRACTICA en grupo. Pregunta y responde según el esquema.

| **A** pregunta a B por su profesión: *¿Qué haces?* | **B** responde con alguna profesión y a su vez pregunta a C: *Soy abogado. Y tú, ¿qué haces?* | **C** sigue "la cadena" y pregunta a D, etc. |

Lee y ESCUCHA.
En la cafetería.

Janet: *Diego, por favor, ¿cómo se dice* sandwich *en español?*
Diego: *Se dice sándwich, o bocadillo.*
Janet: *¿Cómo?*
Diego: *Bo-ca-di-llo.*
Janet: *¿Cómo se escribe, con be o con uve?*
Diego: *Con be.*
Janet: *"Bocadillo". ¿Así está bien?*
Diego: *Sí, muy bien.*

4 Escucha otra vez la cinta y SEÑALA la frase correspondiente.

1. a. Janet no sabe cómo se escribe *sandwich* en español.
b. Janet sabe cómo se escribe *sandwich* en español.

2. a. La palabra se escribe con uve.
b. La palabra se escribe con be.

5 ESCRIBE nombres de cosas de la clase. Pregunta a tu compañero o a tu profesor.

A. *¿Cómo se dice* book *en español?*
B. *No sé.*
C. *Se dice "libro".*

Para ayudarte

• **Preguntar por el significado de una palabra**
A. *¿Cómo se dice... en español?*
B. *Se dice... / No sé.*

• **Pedir que se repita**
A. *¿Cómo?*
B. *Bo-ca-di-llo.*

• **Preguntar cómo se escribe una palabra**
A. *¿Cómo se escribe? ¿Con be o con uve?*
B. *Con uve.*

C. El abecedario

1 Escucha y REPITE el nombre de las letras.

A *a* (a)	**B** *b* (be)	**C** *c* (ce)	**Ch** *ch* (che)	**D** *d* (de)

P *p* (pe)	**O** *o* (o)	**Ñ** *ñ* (eñe)	**N** *n* (ene)	**M** *m* (eme)	**Ll** *ll* (elle)		**E** *e* (e)

Q *q* (cu)			**L** *l* (ele)	**K** *k* (ka)	**J** *j* (jota)	**I** *i* (i)	**H** *h* (hache)	**G** *g* (ge)	**F** *f* (efe)

R *r* (erre)	**S** *s* (ese)	**T** *t* (te)	**U** *u* (u)	**V** *v* (uve)			

W *w* (uve doble)	**X** *x* (equis)	**Y** *y* (i griega)	**Z** *z* (zeta)

2 Escucha la cinta y ESCRIBE los nombres de ciudades de Hispanoamérica. Después léelos en voz alta.

1. ....
2. ....
3. ....
4. ....
5. ....
6. ....

3 EN PAREJAS. Deletrea una de las palabras de la actividad anterior. Tu compañero adivina de cuál se trata.

A: "Ce, o, erre, de"...
B: ¿Es Córdoba?
A: ¡Sí!

4 PRACTICA con tu compañero. Deletrea tu apellido. Tu compañero lo escribe. Después, lo lee en voz alta y compruebas si está bien.

B: ¿Cómo se escribe tu apellido?
A: "Uve, a, ele...".
B: "Uve, a, ele...". ¿Es así?
A: Sí, eso es.

PRONUNCIACIÓN Y ORTOGRAFÍA

Para ayudarte

• Signos de puntuación: punto (.) coma (,)

signos de interrogación ¿?

signos de exclamación ¡!

1 AÑADE los signos de puntuación en este diálogo.

Diego: *Eres argentina*
Carla: *No soy brasileña*
Diego: *Hablas español muy bien*
Carla: *Bueno soy profesora de español*
Diego: *Ah claro*
Elvira: *Bueno Diego muchas gracias y hasta pronto*
Diego: *Hasta la vista*

2 Escucha y di qué frases son preguntas y cuáles son afirmaciones. ESCRIBE los signos de puntuación.

a. Es usted español
b. Se llama Carla
c. Vive en Veracruz
d. Es de Colombia

Amplía tu *vocabulario*

1 Lee las palabras que aparecen en el cuadro y RELACIONA los dibujos con las profesiones.

> estudiante periodista profesor/-a abogado/a ~~locutor/-a~~
> guía pintor/-a cocinero/a cajero/a médico/a ~~camarero/a~~

locutor

2 RELACIONA las palabras de la primera columna con las de la segunda.

1 • restaurante		a • médico
2 • oficina		b • cocinero
3 • hospital		c • cajero
4 • banco		d • pintor
5 • cuadro		e • empleado
6 • libros		f • estudiante

3 COMPLETA con una palabra del ejercicio 1.

Diego trabaja en una agencia de viajes. Es guía turístico.

a) Valeria trabaja en una escuela.   Es ....

b) Pablo trabaja en un bar.   Es ....

c) Alberto trabaja en un periódico.   Es ....

d) Celia trabaja en una emisora de radio.   Es ....

4 ORDENA las letras para encontrar los nombres de países de Hispanoamérica. A continuación, relaciona la nacionalidad con el país.

1 • GYURUAU	*URUGUAY*	a • dominicano
2 • PNAAMÁ	....	b • cubano
3 • XMCIOÉ	....	c • mexicano
4 • ÚPRE	....	d • peruano
5 • BACU	....	e • uruguayo
6 • PRÚLICAEB ADIMONIANC	....	f • panameño

Contenidos gramaticales

 Masculino y femenino de nombres y adjetivos

Masculino	Femenino
camarero	camarera
español	española

Algunas terminaciones son iguales para los dos géneros; en general, son las terminadas en –e y –a y en –í acentuada:

artista   cantante   marroquí (i acentuada)

1 COMPLETA el cuadro con las palabras que faltan.

	Nacionalidad		País
-o/a	colombiano brasileño .... italiano	colombiana brasileña .... italiana	Colombia .... Polonia México ....
-e	estadounidense .... costarricense		.... Nicaragua .... Canadá
-í	.... iraní		Marruecos ....
-consonante/-a	francés .... alemán	francesa .... alemana	Francia Portugal .... España

2 ESCRIBE la palabra en la forma adecuada.

Alberto es pintor y Adela es pintora.

a. Enrique es profesor, y Marta es ...*profesora*... .

b. Juan es .... y Laura es artista.

c. Pierre es .... y Claudine es francesa.

d. Antonio es .... y Carmen es española.

e. Elián es estudiante y Luisa es ....

f. Osvaldo es .... y Cecilia es chilena.

g. Rogelio es brasileño y Valeria es ....

h. Nuria es pintora y César es ....

Verbos LLAMARSE y SER

	LLAMARSE			SER
(Yo)	me	llamo	(Yo)	soy
(Tú)	te	llamas	(Tú)	eres
(Él/ella/Ud.)	se	llama	(Él/ella/Ud.)	es
(Nosotros/as)	nos	llamamos	(Nosotros/as)	somos
(Vosotros/as)	os	llamáis	(Vosotros/as)	sois
(Ellos/ellas/Uds.)	se	llaman	(Ellos/ellas/Uds.)	son

3 ESCRIBE el verbo en la forma adecuada.

a. ¿Cómo ....*te llamas*.... (llamarse / tú)?
b. ¿De dónde .... (ser / tú)?
c. ¿Qué .... (hacer / tú)?
d. ¿..................... (ser / tú) argentina?

4 FORMA frases tomando un elemento de cada columna.

se me Ø	soy trabajo llamo llama es	Andrés Julia estudiante ecuatoriana en Veracruz

 Verbos TRABAJAR y VIVIR

	TRABAJAR	VIVIR
(Yo)	trabajo	vivo
(Tú)	trabajas	vives
(Él/ella/Ud.)	trabaja	vive
(Nosotros/as)	trabajamos	vivimos
(Vosotros/as)	trabajáis	vivís
(Ellos/ellas/Uds.)	trabajan	viven

(Los pronombres sujeto "yo, tú, él, ella", etc., no suelen usarse. Por eso se incluyen aquí entre paréntesis.)

5 COMPLETA las frases con el verbo en la forma adecuada.

a. Me .... Víctor. .... peruano. .... en Lima. Y .... en un restaurante, ... camarero.
b. Mariana .... mexicana, ... en Ciudad de México. .... profesora, ... en la universidad.

6 COMPLETA el diálogo con los interrogativos adecuados.

Carlos: *Hola, Nuria, ¿...qué... tal?*
Nuria: *Muy bien. ¡Mira!, te presento a un amigo.*
Carlos: *¡Hola! Soy Carlos. ¿......... te llamas?*
Michael: *Me llamo Michael.*
Carlos: *¿De .... eres, Michael?*
Michael: *Soy inglés.*
Carlos: *¿......... haces?, ¿estudias o trabajas?*
Michael: *Trabajo en una multinacional española.*
Carlos: *¿Y .... vives?, ¿en Madrid?*
Michael: *No, vivo en Barcelona.*

Actividades

1 **ESCUCHA a cuatro personas que se presentan. Relaciona cada presentación con su dibujo.**

1	2	3	4

2 **Escucha otra vez y ESCRIBE debajo de cada ilustración el nombre, la ciudad y la profesión correspondiente.**

....

....

....

3 **En el pasaporte de Ángeles hay errores. ESCUCHA el diálogo y corrige la información.**

PASAPORTE N.º/PASSPORT NO./PASSEPORT NO.

05246565-N/1

Apellidos López *Pérez*
Nombre Ángeles
Nacionalidad Panameña
Fecha de nacimiento 21 mayo 1973
Lugar de nacimiento Panamá
Domicilio Plaza Mayor n° 15 - Pontevedra

Sexo VARÓN
OFICINA EXPEDIDORA
M/ABR

Firma del titular/Holder's signature/Signature du titulaire (10)

Fecha de expedición/Date of issue
Date de délivrance (7)
10-08-1999
Fecha de caducidad/Date of expiry
Date d'expiration (8)
27-07-2004

Autoridad/Authority/Autorité (9)
F... Giralte Glez.

P<ESP<L851752<005246565N<<<<<<<<<<<<<<<<<<<<<<<

4 **Copia este impreso y RELLÉNALO con los datos de tu compañero.**

5 **¿Reconoces a estos personajes? RELACIONA los números con las letras y preséntalos a la clase.**

4

1

2

3

a. golfista
b. puertorriqueño
c. española
d. mexicana
e. actriz
f. cantante
g. modelo

¿Sabes más cosas de ellos (títulos de películas, canciones, etc.)?

Descubriendo

Hispanoamérica, hoy

UNIDAD 1

1 ¿Qué sabes de Hispanoamérica? Contesta verdadero o falso.

	V	F
a. El español es lengua oficial en diecinueve países.	☐	☐
b. Se habla español desde México hasta el norte de Argentina.	☐	☐
c. Las lenguas oficiales en Brasil son el portugués y el español.	☐	☐
d. En Paraguay la única lengua oficial es el español.	☐	☐
e. También se habla español en amplias zonas de Estados Unidos.	☐	☐

2 Escribe en el lugar correspondiente el nombre de las capitales
que faltan y que figuran en el cuadro siguiente.

Caracas - Guatemala - La Habana - Panamá -
Buenos Aires - Lima - San Salvador -
Santiago - Ciudad de México - San Juan

País	Capital	Población (millones)
México	....	101,7
Guatemala	....	12,1
Honduras	Tegucigalpa	6,7
El Salvador	....	6,6
Nicaragua	Managua	5,4
Costa Rica	San José	3,9
Panamá	....	2,9
Cuba	....	11,3
Rep. Dominicana	Santo Domingo	8,8
Puerto Rico	....	3,9
Venezuela	....	25,1
Colombia	Bogotá	43,8
Ecuador	Quito	13
Perú	....	26,7
Bolivia	La Paz	8,8
Chile	....	15,6
Paraguay	Asunción	6
Uruguay	Montevideo	3,4
Argentina	....	36,5

Internet

**México tiene más de 100 millones de habitantes. Es el país de habla hispana más poblado. Entra
en www.edelsa.es (Actividades en la Red). En la dirección http://explora.presidencia.gob.mx
puedes obtener más datos.**

La *Sagrada Familia*, catedral modernista de Antonio Gaudí
Barcelona. España

Unidad 2
Presentaciones

Competencias pragmáticas:

- Saludos formales, informales y presentaciones.
- Preguntar y dar información personal y de otros.
- Preguntar y decir el número de teléfono.

Competencias lingüísticas:

Competencia gramatical
- Adjetivos demostrativos (I).
- Adjetivos posesivos (I).
- Plural de adjetivos y nombres.
- Presente de indicativo de verbos regulares.

Competencia léxica
- Profesiones y nacionalidades.
- Números del cero al nueve.

Competencia fonológica
- Reconocer la sílaba tónica en las palabras.

Conocimiento sociocultural:

- Ciudades y Comunidades Autónomas de España.

A. ¡Te presento a unos amigos!

Lee y ESCUCHA.
Daniel presenta a sus amigos y habla de ellos.

Daniel:	*¡Hola! Te presento a unos amigos: este es David. Es médico. David y yo somos compañeros de trabajo. Vivimos en Madrid y trabajamos en un hospital.*
David:	*¡Hola!*
Daniel:	*Esta es Natalia. Natalia es de Sevilla. Es empresaria. Tiene una empresa de servicios informáticos allí. Natalia y yo somos amigos.*
Natalia:	*¿Qué tal?*
Daniel:	*Estos son Miguel y Alejandro. Son argentinos, pero ahora viven y trabajan en España. Son actores.*
Miguel y Alejandro:	*Encantado.*
Daniel:	*Estas son Sandra y Mónica. Son brasileñas. Son compañeras de clase. Estudian español en la Escuela Oficial de Idiomas de Madrid.*
Sandra y Mónica:	*¡Hola!*

1 **ESCUCHA otra vez y completa la tabla con el nombre o los nombres adecuados.**

Empresaria	Argentinos	Estudiantes	Médico	Sevillana	Brasileñas
Natalia					

2 COMPLETA el cuadro con la información.

	Procedencia	Lugar de residencia	Trabajo	Estudios
Natalia	*Es sevillana*			
David		*Vive en Madrid*		
Miguel y Alejandro			*Son actores*	
Sandra y Mónica				*Estudian español*

Para ayudarte

- **Presentar a alguien**

	Singular	**Plural**
Masculino	este	estos
Femenino	esta	estas

- *Laura, te presento a unos amigos. Mira, estos son María y David.*
- *Encantada.*

3 COMPLETA las presentaciones.

a. .... es Carla. Es profesora de español.
b. .... son Ana y Carlos. Son compañeros de clase.
c. .... son Clara y María. Son amigas mías.
d. .... es el señor Hernández. Es mi jefe.

4 Mira estas fotos e imagina quiénes son, de dónde son, qué hacen, cómo se llaman. PRESÉNTALOS a la clase. Tus compañeros tienen que adivinar a quién presentas.

a

b

c

d

5 PRACTICA con tus compañeros. En grupos de cuatro. Cada alumno escribe en un papel su nacionalidad, profesión y lugar de residencia y se inventa un nombre hispano. Un alumno del grupo coge un papel y presenta a un/a compañero/a. El resto debe adivinar quién es.

*Me llamo Carolina.
Soy de Sevilla,
pero vivo en Madrid.
Soy actriz.*

*Esta es Carolina.
Es de Sevilla,
pero vive en Madrid.
Es actriz.*

B. ¿Cómo está usted?

 **Lee y ESCUCHA.**
Dos nuevos turistas llegan al grupo de Diego.

Álvaro:	¡Hola! Vosotros sois los nuevos compañeros de viaje, ¿no?
Fernando:	Sí, sí. ¡Hola!, ¿qué tal?
Álvaro:	¡Hola! Sois españoles, ¿verdad?
Victoria:	Sí, ¿cómo lo sabes?, ¿tú eres español?
Álvaro:	Sí.
Fernando:	¡Qué casualidad! Y tú ¿cómo te llamas?
Álvaro:	Me llamo Álvaro. Y vosotros, ¿cómo os llamáis?
Victoria:	Nos llamamos Fernando y Victoria.
Álvaro:	¿Vivís en México?
Fernando:	No, estamos aquí de vacaciones. ¿Dónde vives tú?
Álvaro:	Yo vivo y trabajo aquí pero ahora también estoy de vacaciones.
Victoria:	¡Qué bien!
Álvaro:	Bueno, pues bienvenidos a México.
Victoria:	Gracias.

1 **Escucha otra vez y TACHA la información falsa.**

a. Los tres personajes son mexicanos / españoles.
b. Se llaman Alfredo, Victoria y Fernando / Álvaro, Victoria y Fernando.
c. Álvaro está de vacaciones en México / trabaja en España.

Para ayudarte

• **Saludar formal e informalmente**

+ **Informal**	- Informalmente	A. *Hola.*	B. *Hola.*
↓	- De forma indistinta	A. *Buenos días.*	B. *Buenos días.*
+ **Formal**	- Formalmente	A. *¿Cómo está usted?*	B. *(Muy) Bien, gracias (¿y usted?).*
		A. *Mucho gusto.*	B. *Mucho gusto.*

2 **CLASIFICA los saludos en la columna de formal e informal.**

FORMAL	INFORMAL

Buenas tardes   *¿Qué hay?*   *Encantado*
¿Qué tal?   *¿Cómo estás?*   *Buenas noches*
¿Cómo está?

Lee y ESCUCHA.
Victoria y Fernando visitan un banco mexicano.

Isabel:	*Buenos días, me llamo Isabel Quiñones y soy la secretaria de la directora.*
Fernando:	*Buenos días.*
	[...]
Isabel:	*Señora García, esta es la señora Navarro y este es el señor Hernández.*
Directora:	*Mucho gusto.*
Fernando:	*Encantado.*
Directora:	*Son ustedes españoles, ¿no?*
Victoria:	*Sí, trabajamos en un banco en Madrid. Somos economistas pero ahora estamos de vacaciones y...*

3 **Escucha otra vez y CORRIGE la información.**

a. La señora Quiñones es la directora del banco.
b. La señora García es la secretaria.
c. La señora Navarro y el señor Hernández son mexicanos.

 *Para ayudarte*

• **Presentaciones formales e informales**

TÚ (informal)	USTED (formal)
¿Cómo te llamas?	*¿Cómo se llama?*
¿Dónde trabajas?	*¿Dónde trabaja?*
¿Cuál es tu número de teléfono?	*¿Cuál es su número de teléfono?*

4 **ESCRIBE las frases en la columna correspondiente.**

a. ¿A qué se dedica?
b. ¿Eres argentino?
c. ¿Estudia o trabaja?
d. ¿Es el Sr. Chávez, verdad?
e. ¿Dónde vives?
f. ¿Habla alemán?
g. ¿Trabajas en Barcelona?
h. ¿Su teléfono, por favor?

TÚ	USTED

5 **ESCUCHA los diálogos y marca TÚ o USTED.**

	TÚ	USTED
Diálogo 1		
Diálogo 2		
Diálogo 3		

6 **PRACTICA con tus compañeros una presentación formal.**

A	Señora Villar Secretaria de Dirección	B	Señor López Cliente	C	Señora Arizmendi Directora

C. Los números

ESCUCHA y completa el nombre de los números.

0. cero   1. uno   2. do_   3. _res   4. cu_tro

5. cinc_   6. sei_   7. _iete   8. o_ho   9. nuev_

2   **Escucha y ANOTA los números de teléfono.**

a   b   c   d   e   f

Bomberos   Cruz Roja   Ambulancias   Renfe   Taxis   Aeropuerto

....

- **Preguntar y decir el número de teléfono**

  A. *¿Cuál es su número de teléfono, señor Álvarez?*   B. *El 91.543.82.73*
  A. *¿Cuál es tu número de teléfono, Elena?*   B. *El 91.324.82.17*

Para ayudarte

3   **PREGUNTA el número de teléfono a cuatro compañeros de clase y anótalos.**

Nombre: ....   Nº de teléfono: ....

PRONUNCIACIÓN Y ORTOGRAFÍA

- **La acentuación de las palabras en español depende de la sílaba tónica o sílaba que se pronuncia un poco más fuerte que el resto.**

Para ayudarte

1   **ESCUCHA y señala la sílaba tónica.**

- am – bu – lan – cia
- ca – ma – re – ro
- es – cri – bir

- te – lé – fo – no
- Mé – xi – co
- Co – lom – bia

- tra – ba – jar
- Bar – ce – lo – na
- di – rec – tor

- va – ca – cio – nes
- hos – pi – tal
- cu – ba – no

2   **PRONUNCIA estas palabras. Luego, escucha y comprueba.**

- estu**dian**te
- vi**vir**
- espa**ñol**
- **Má**laga
- se**ño**ra
- **gra**cias
- a**quí**

24 • **veinticuatro**

Amplía tu *vocabulario*

1 LEE las palabras que aparecen en el cuadro y relaciónalas con la imagen correspondiente.

| peluquero/a enfermero/a taxista alcalde/alcaldesa |
| arquitecto/a azafata panadero/a actor/actriz economista piloto |

a

b

c

d

e

arquitecta

f

g

h

i

j

2 FORMA frases con una palabra del cuadro anterior.

a. El *taxista* → atiende a los pasajeros en un avión.
b. La .... conduce un taxi.
c. El/la .... cuida a los enfermos.
d. La .... dirige una empresa.
e. El/la .... diseña edificios.

3 RELACIONA ocho nombres de países con ocho de nacionalidades y escribe el femenino.

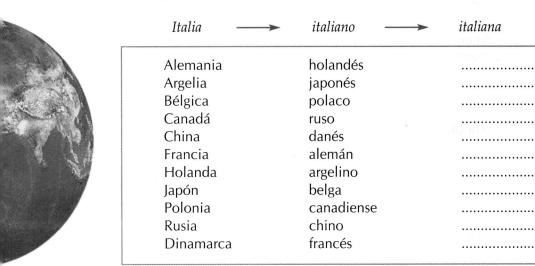

Italia ⟶ *italiano* ⟶ *italiana*

Alemania	holandés	....
Argelia	japonés	....
Bélgica	polaco	....
Canadá	ruso	....
China	danés	....
Francia	alemán	....
Holanda	argelino	....
Japón	belga	....
Polonia	canadiense	....
Rusia	chino	....
Dinamarca	francés	....

Contenidos gramaticales

 Plural de adjetivos y nombres

- Cuando la palabra en singular termina en vocal átona, se añade una –s.

| amig**o** | amig**os** |
| alumn**a** | alumn**as** |

- Cuando la palabra termina en consonante, vocal acentuada (í, ú) o en y, se añade –es.

profeso**r**	profeso**res**
marroqu**í**	marroqu**íes**
le**y**	le**yes**

1 **ESCRIBE** el singular o el plural de las siguientes palabras.

periodista	periodistas	pintor	pintores
peruano	....	profesora	....
estudiante	....	....	marroquíes
....	camareros	diseñador	....
abogada	....	....	ingleses
....	alumnas	alemán	....

2 **COMPLETA** las frases con las palabras del ejercicio anterior.

a. (Ellos) son ....*estudiantes*..........., estudian en un colegio francés.
b. Las .... de español de la Escuela Oficial de Idiomas son amables.
c. Los habitantes de Perú se llaman ....
d. Actualmente muchos .... viven y trabajan en España.
e. En los museos vemos cuadros de .... famosos.

 Los adjetivos posesivos

Singular		
1ª pers.	2ª pers.	3ª pers.
mi	tu	su

- *Señor Pérez, ¿cuál es su número de teléfono?*
- *Mi número de teléfono es el 601.23.25.02.*

3 **COMPLETA** con el adjetivo posesivo adecuado.

a. Pietro es italiano. ...*Su*... país es Italia.
b. Soy nigeriano. .... país es Nigeria.
c. Eres argentino. ¿......... país es Argentina?
d. • David, ¿Cuál es .... número de móvil?
  • .... número es el 622.32.36.89.
e • ¿Me puede decir .... número de teléfono?
  • Sí, claro, es el 93.100.25.67.

Los adjetivos demostrativos

	Singular	Plural
Masculino	este	est**os**
Femenino	est**a**	est**as**

 Verbos REGULARES en presente de indicativo

	1ª conjugación (Verbos acabados en –ar)	2ª conjugación (Verbos acabados en –er)	3ª conjugación (Verbos acabados en –ir)
	HABLAR	COMER	PARTIR
(Yo)	habl**o**	com**o**	part**o**
(Tú)	habl**as**	com**es**	part**es**
(Él/ella/Ud.)	habl**a**	com**e**	part**e**
(Nosotros/as)	habl**amos**	com**emos**	part**imos**
(Vosotros/as)	habl**áis**	com**éis**	part**ís**
(Ellos/as/Uds.)	habl**an**	com**en**	part**en**

Atención:

En gran parte de Hispanoamérica y en las Islas Canarias no se usa la forma *vosotros* sino *ustedes* y el verbo va en tercera persona del plural.

> *Ustedes son muy simpáticos.*

En Argentina y Uruguay y en algunas zonas de Centroamérica y Paraguay no se usa la forma *tú* sino la forma *vos*.

> *Vos sos muy simpático.* (Argentina).

 ESCRIBE las presentaciones con las palabras que faltan.

a. ..... *Este* ..... es Javier. Javier y yo .... amigos. .... en Sevilla y .... en una agencia de viajes.

b. .... son Antonio y Laura. .... peruanos, pero ahora .... y .... en Estados Unidos. .... inglés y francés.

c. .... son Isabel y Reyes. Son compañeras de trabajo, ... en una compañía aérea, ... azafatas. .... inglés, francés e italiano.

 Uso de algunas preposiciones: DE, EN

> • DE
> Expresa la procedencia:
> *Anne es de Suecia.*
>
> • EN
> Indica el lugar en el que está; expresa la permanencia en el lugar:
> *Vive en la calle Aribau, en el centro de Barcelona.*

5 **COMPLETA las frases.**

a. Soy la secretaria ..*de*.. la directora.
b. Por las mañanas trabajo .... un banco.
c. Juan trabaja .... una editorial.
d. Luiz es .... Portugal y Paola es italiana.
e. Nosotros vivimos .... la Plaza de la Paja.
f. Trabajamos .... el centro .... Madrid.

Actividades

1 Elena y Marta se conocen a través del correo electrónico. LEE el texto y responde a las preguntas.

¡Hola!

Me llamo Elena. Soy de Toledo pero vivo en Madrid. Soy programadora informática. Es interesante pero trabajo muchas horas. Por las tardes trabajo en casa con mi ordenador. Mi número de teléfono es el 91.570.23.14.

¿Qué tal?

Me llamo Marta y soy de Granada, pero vivo en Barcelona. Soy abogada y trabajo por las mañanas en un despacho de abogados. Por las tardes doy clases de Derecho a jóvenes en una academia. Mi móvil es el 601.30.75.19.

a. ¿Quién vive en Barcelona?
b. ¿Quién es de Toledo?
c. ¿Quién da clases en una academia?

2 Busca diferencias entre Elena y Marta.

Elena es de Toledo, Marta es de Granada.

3 ESCUCHA la conversación y completa el cuadro con la información.

Nombre	Profesión	¿De dónde es?	Número tfno.	Vive en...
Luis				
María				
Juanjo				

4 PRACTICA con tu compañero. Por turnos, un alumno se identifica con uno de los personajes y su compañero hace preguntas. Después lo presenta a los demás compañeros.

- *¿Cómo te llamas?*
- *Mario Vargas Llosa.*
- *¿De dónde eres?*
- *Soy peruano.*
- *¿Qué haces?*
- *Soy escritor.*

Este es Mario Vargas Llosa.
Es peruano. Es escritor.

5 ESCRIBE un correo electrónico a un amigo. Le mandas una foto de un compañero de clase. Explícale quién es, su nombre, profesión, etc.

*D*escubriendo

España, hoy

1 ¿Qué sabes de España? Contesta verdadero o falso.

	V	F
a. La Península Ibérica está formada por España y Portugal.	☐	☐
b. España está situada al noroeste de Europa.	☐	☐
c. También son españolas las Islas Canarias y las Islas Baleares.	☐	☐
d. En España hay cuatro lenguas oficiales.	☐	☐
e. Las Islas Canarias están en el mar Mediterráneo.	☐	☐

2 ¿Sabes a cuál de estas ciudades corresponden estos monumentos?

> Salamanca, Madrid, Santiago de Compostela, Granada, Barcelona

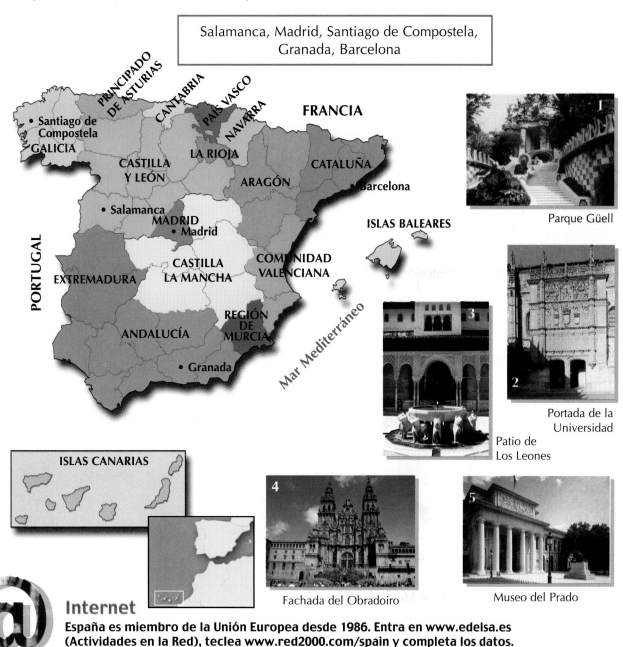

Océano Atlántico

PRINCIPADO DE ASTURIAS
CANTABRIA
PAÍS VASCO
NAVARRA
FRANCIA
• Santiago de Compostela
GALICIA
CASTILLA Y LEÓN
LA RIOJA
CATALUÑA
ARAGÓN
• Barcelona
• Salamanca
MADRID
• Madrid
ISLAS BALEARES
PORTUGAL
CASTILLA LA MANCHA
COMUNIDAD VALENCIANA
EXTREMADURA
REGIÓN DE MURCIA
ANDALUCÍA
• Granada
Mar Mediterráneo

ISLAS CANARIAS

Parque Güell

Portada de la Universidad

Patio de Los Leones

Fachada del Obradoiro

Museo del Prado

Internet
España es miembro de la Unión Europea desde 1986. Entra en www.edelsa.es
(Actividades en la Red), teclea www.red2000.com/spain y completa los datos.

1891

REGIONALES ·
· VIDEOS ·
CD · DEPORTES · CUEROS ·
GORROS · BANDERAS · POSTALES ·

Unidad 3
Alquilar un piso

Competencias pragmáticas:

- **Localizar objetos.**
- **Preguntar por una cantidad y responder.**
- **Describir una vivienda.**

Competencias lingüísticas:

Competencia gramatical
- **Artículos determinados:** *el, la, los, las.*
- **Presente de indicativo de** *estar, tener, poner.*
- **Locuciones preposicionales de lugar:** *encima de, debajo de, al lado de, a la izquierda/derecha de.*

Competencia léxica
- **La casa: habitaciones, muebles y objetos.**
- **Adjetivos calificativos sobre la vivienda.**
- **Números cardinales y ordinales.**

Competencia fonológica
- **Reconocer la sílaba tónica en las palabras (II).**

Conocimiento sociocultural:

- **Tipos de viviendas. Barrios españoles e hispanoamericanos.**

A. Buscamos un piso

Lee y ESCUCHA.
Natalia y David buscan un piso de alquiler.

Agente:	*Pasen, pasen. Este piso, como verán, es bastante grande. Aquí está el recibidor, bastante amplio. A la izquierda están los dormitorios y a la derecha el salón-comedor.*
Natalia:	*¿Cuántos dormitorios tiene?*
Agente:	*Tres. Uno grande y los otros dos más pequeños.*
David:	*No está mal. Y el cuarto de baño, ¿dónde está?*
Agente:	*Mire el plano. Allí, al fondo del pasillo, al lado del dormitorio grande. La cocina está aquí mismo, a la derecha.*
Natalia:	*Ya veo. Oiga, una pregunta... ¿cuánto es el alquiler?*
Agente:	*Bueno, ahora hablamos del precio.*

1 **Escucha otra vez y ESCRIBE en la ilustración el nombre de cada habitación.**

1. *Es el dormitorio grande.*

32 • treinta y dos

Para ayudarte

• **Localizar objetos. El verbo Estar**

A. ¿Dónde *está* la cocina?
B.

Está { al fondo del / al lado del / a la izquierda del / a la derecha del } pasillo / dormitorio

OBSERVA:
a + el ⟶ al
de + el ⟶ del

El dormitorio está al lado del cuarto de baño.

2 **Mira la ilustración de la página 32 y CONTESTA verdadero o falso.**

V   F

a. El dormitorio está al lado de la cocina. ☐ ☐
b. La cocina está a la izquierda del salón. ☐ ☐
c. El dormitorio grande está al fondo del pasillo. ☐ ☐
d. El cuarto de baño está al fondo del pasillo. ☐ ☐

3 **ESCUCHA y señala cuál de los planos corresponde a la casa de Julia.**

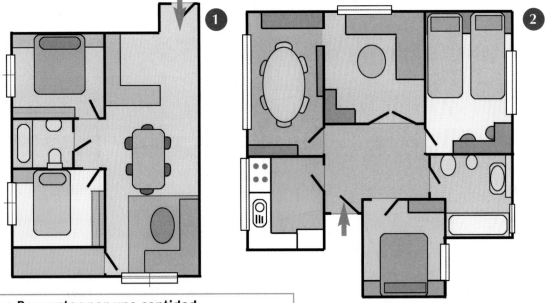

Para ayudarte

• **Preguntar por una cantidad**

	Masculino	Femenino
Singular	¿Cuánto...?	¿Cuánta...?
Plural	¿Cuántos....?	¿Cuántas....?

4 **RESPONDE a las preguntas sobre la casa de Julia.**

a. ¿Cuántos dormitorios tiene su casa?
b. ¿Dónde está la cocina?
c. ¿Cuántos cuartos de baño tiene?
d. ¿Dónde está el dormitorio principal?

5 **PRACTICA con tu compañero. Dibuja un plano de tu casa ideal. Tu compañero hace preguntas para averiguar dónde está cada habitación y escribe el nombre en su plano.**

B
• Pregunta por el número de dormitorios.
¿Cuántos dormitorios tiene tu casa?
• Pregunta dónde están algunas habitaciones.
¿Dónde está la cocina?

A
• Responde.
Tiene...
• Responde.
La cocina está...

B. La casa de Pablo

LEE este correo electrónico.

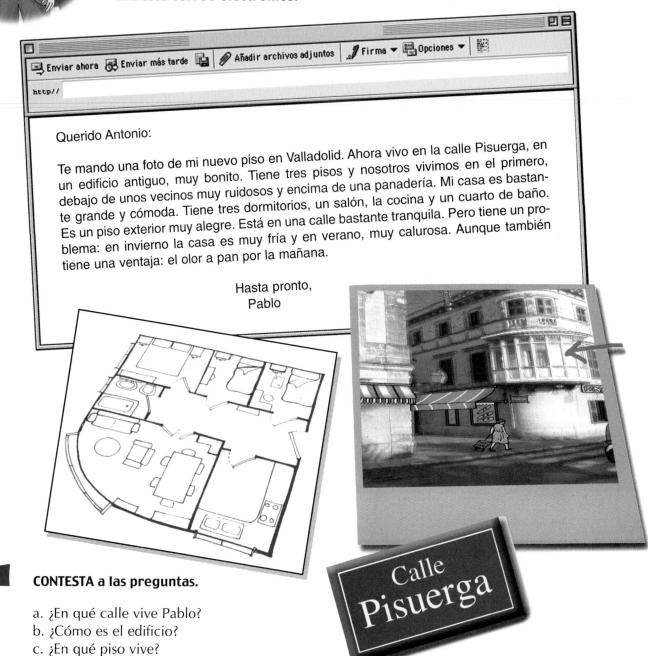

Querido Antonio:

Te mando una foto de mi nuevo piso en Valladolid. Ahora vivo en la calle Pisuerga, en un edificio antiguo, muy bonito. Tiene tres pisos y nosotros vivimos en el primero, debajo de unos vecinos muy ruidosos y encima de una panadería. Mi casa es bastante grande y cómoda. Tiene tres dormitorios, un salón, la cocina y un cuarto de baño. Es un piso exterior muy alegre. Está en una calle bastante tranquila. Pero tiene un problema: en invierno la casa es muy fría y en verano, muy calurosa. Aunque también tiene una ventaja: el olor a pan por la mañana.

Hasta pronto,
Pablo

Calle Pisuerga

1 CONTESTA a las preguntas.

a. ¿En qué calle vive Pablo?
b. ¿Cómo es el edificio?
c. ¿En qué piso vive?
d. ¿Cuántos dormitorios tiene el piso?

2 RELACIONA las palabras según el correo electrónico.

1 • edificio		a • tranquila
2 • vecinos		b • grande
3 • casa		c • ruidosos
4 • piso		d • antiguo
5 • calle		e • exterior

P ara ayudarte

• **Describir una vivienda**

Tengo un piso
$\begin{cases} antiguo \\ grande \\ bonito \\ tranquilo \\ exterior \\ frío \end{cases}$

Mi casa es
$\begin{cases} moderna \\ pequeña \\ fea \\ ruidosa \\ interior \\ calurosa \end{cases}$

| muy bonito +++ | bastante bonito ++ | bonito + |

3 COMPLETA las frases con un adjetivo del recuadro.

| bonita |
| ruidoso |
| antigua |
| nueva |
| exterior |
| incómodas |

a. Miguel tiene una casa .... en la montaña, muy ....
b. Nosotros vivimos en un piso céntrico, ... y ....
c. Mis padres viven en una casa muy ...., de 1880.
d. Estas sillas son bastante ...., son demasiado pequeñas.

4 ¿Dónde está el perro? ESCRIBE la localización debajo de cada dibujo.

a la ....
del periódico

debajo de la silla

.... de la silla

a la derecha
del periódico

al lado del
sillón

| encima |
| izquierda |
| enfrente |

.... del
sillón

5 EN PAREJAS. Mira el dibujo y DESCUBRE las diferencias.

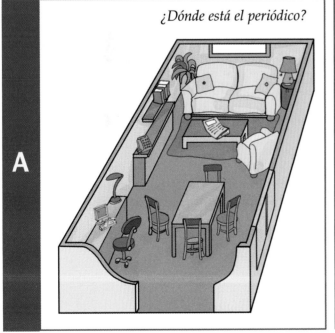

¿Dónde está el periódico?

A

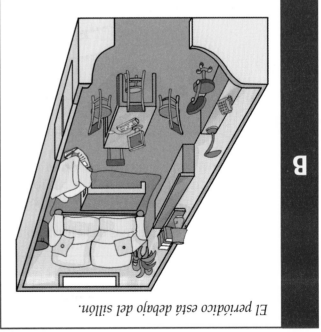

B

El periódico está debajo del sillón.

C. Los números

1 🎧 **ESCUCHA y completa los números.**

10. diez   11. once   12. _ _ ce   13. _ _ _ ce   14. catorce   15. quince

16. dieciséis   17. diecisiete   18. _ _ _ ciocho   19. diecinueve   20. veinte.

2 **En cada frase aparece un número. SUBRÁYALO y escríbelo en cifras.**

Esta casa tiene <u>doce</u> pisos. 12

a. Tenemos diez dedos en las manos.

b. Tengo quince días de vacaciones.

c. Somos diecisiete vecinos en la casa.

d. Un equipo de fútbol tiene once jugadores.

e. Mi habitación del hotel es la catorce.

f. Juan tiene dieciocho años, ya puede votar.

3 **ESCRIBE una frase utilizando los números del ejercicio 2.**

Yo tengo diecisiete años.

Para ayudarte

• Los ordinales

1º primero/a	6º sexto/a
2º segundo/a	7º séptimo/a
3º tercero/a	8º octavo/a
4º cuarto/a	9º noveno/a
5º quinto/a	10º décimo/a

4 **PRACTICA con tu compañero. Pregunta dónde vive cada vecino y tu compañero responde.**

• *Por favor, ¿en qué piso vive la señora Amorós?*

• *En el quinto izquierda.*

Sres. Hernández
1º Dcha.

Sr. Gil
3º Izda.

Sra. Amorós
5º Izda.

Sres. de la Rosa
7º Dcha.

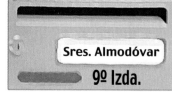

Sres. Almodóvar
9º Izda.

PRONUNCIACIÓN Y ORTOGRAFÍA

1 🎧 **ESCUCHA y subraya la sílaba tónica.**

• poner   • dormitorio   • salón   • cuarto

• cuatro   • barrio   • comedor   • pequeño

• exterior   • vecino   • interior   • segundo

2 **CLASIFICA las palabras del ejercicio anterior en la columna correspondiente.**

Penúltima sílaba	Última sílaba
cuatro	*poner*

Amplía tu *vocabulario*

1 **Observa la ilustración y COMPLETA las palabras que faltan.**

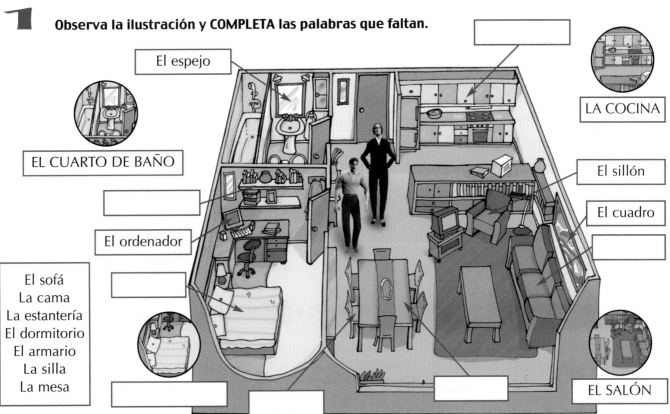

El espejo

LA COCINA

EL CUARTO DE BAÑO

El sillón

El cuadro

El ordenador

El sofá
La cama
La estantería
El dormitorio
El armario
La silla
La mesa

EL SALÓN

2 **CLASIFICA las palabras en alguna de las siguientes categorías.**

HABITACIONES	MUEBLES	OBJETOS

¡OJO! LÉXICO DE HISPANOAMÉRICA

El apartamento = el departamento
El cuarto = la pieza
El ascensor = el elevador
La mesita de noche = la mesita de luz (Argentina)
el buró (México)

3 **ELIMINA la palabra que no tiene relación con las otras.**
El comedor, el pasillo, la <u>pared</u>, el cuarto de baño.

a. El armario, la estantería, el sofá, la habitación.
b. El salón, la mesa, la silla, la librería.
c. La alfombra, la cortina, la ventana, el espejo.
d. La ventana, la pared, la puerta, la lámpara.

Contenidos
gramaticales

 Artículos determinados

	Singular	Plural
Masculino	el	los
Femenino	la	las

el dormitorio   *los dormitorios*
la silla   *las sillas*

OBSERVA

• El artículo determinado masculino se combina con las preposiciones **a** y **de**:

a + el = al   de + el = del
La lámpara está al lado de la mesa.   *La cocina está al fondo del pasillo.*

1 **¿Masculino o femenino? CLASIFICA las siguientes palabras en la categoría correspondiente. Después, escribe el artículo adecuado.**

Masculino	Femenino
	la habitación

habitación   sofá
pared   ordenador
cuadros   dormitorios
cuartos de baño   lámpara

 Adjetivos calificativos

• Tienen el mismo género y número que el nombre al que acompañan.

	Singular	Plural
Masculino	*dormitorio amplio*	*dormitorios amplios*
Femenino	*casa pequeña*	*casas pequeñas*

Mi casa es pequeña y cómoda.

2 **COMPLETA las palabras de las frases siguientes.**

a. Estas casas son grand..*es*... y antigu..*as*... .
b. En el Museo de Arte Contemporáneo los cuadros son modern........ .
c. Este piso es muy frí........ .
d. Este sofá es muy incómod........ .
e. Las habitaciones de esta casa son muy pequeñ........ .
f. Esta calle es bastante tranquil........ .
g. El primer piso es bastante ruidos........ .
h. Esta lámpara es muy fe........ .

Verbos IRREGULARES en presente: ESTAR, TENER, PONER

	ESTAR 1ª persona	TENER E>IE	PONER 1ª persona
(Yo)	est**oy**	ten**go**	pon**go**
(Tú)	estás	ti**e**nes	pones
(Él/ella/Ud.)	está	ti**e**ne	pone
(Nosotros/as)	estamos	tenemos	ponemos
(Vosotros/as)	estáis	tenéis	ponéis
(Ellos/ellas/Uds.)	están	ti**e**nen	ponen

Forma negativa: NO + verbo.
No tengo tiempo para nada.

 CONJUGA los verbos que faltan en las frases siguientes.

a. La lámpara .....*está*..... encima de la mesilla de noche.
b. El salón .... dos ventanas grandes.
c. Señora, ¿dónde .... (nosotros) las camas?
d. El televisor .... en la estantería.
e. El dormitorio grande .... un cuarto de baño.
f. La casa es nueva y no .... (nosotros) cortinas en las ventanas.
g. ¿............... (yo) este cuadro en la pared del fondo?

> ESTAR
> TENER
> PONER

 Locuciones preposicionales

- **Al lado de**: indica que algo está muy cerca. *Mi dormitorio está al lado del cuarto de baño.*
- **Debajo de**: señala una posición inferior. *El periódico está debajo del teléfono.*
- **Delante de**: indica una posición anterior. *El libro está delante del ordenador.*
- **Detrás de**: indica una posición posterior. *El cuadro está detrás del sofá.*
- **Encima de**: señala una posición superior. *Las llaves están encima de la mesa.*

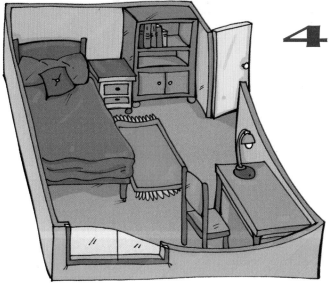

4 **Mira la ilustración y CORRIGE la información.**

a. La lámpara está debajo de la mesa.

b. La estantería está detrás de la puerta.

c. La cama está debajo de la puerta.

d. La silla está al lado de la cama.

e. La cama está delante de la mesa.

Actividades

1 David y Natalia buscan un piso para las vacaciones. LEE los anuncios y completa la tabla con la información.

ANDRATX. Piso nuevo a estrenar, 120 m², 3 hab, 2 baños, parking, terraza, sin muebles, exterior, 3º con magníficas vistas, gastos de comunidad incluidos.
Telf.: 600 44 90 20
Provincia: Baleares (Mallorca).
Ref.: 125.

ALGAIDA. Apartamento 65 m², 1 hab., 1 baño, enorme terraza con vistas, 2º sin ascensor.
Telf.: 906 51 50 28
Provincia: Baleares (Mallorca).
Ref.: 126.

ALGAIDA. Piso nuevo, sin amueblar. 2 habitaciones, baño, cocina americana, salón comedor, vistas despejadas, comunicaciones excelentes, 4º con ascensor. Telf.: 906 51 55 28.
Provincia: Baleares (Mallorca)
Ref.: 127.

Ref.	ES	TIENE	ESTÁ
125.			
126.			
127.			

2 🎧 Ahora hacen la mudanza. Sigue las instrucciones de Natalia y COLOCA los muebles en el plano.

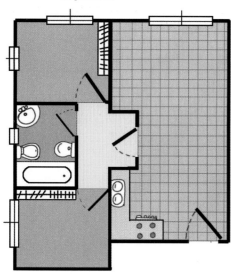

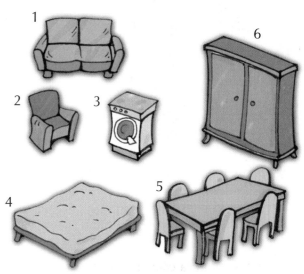

3 Mira el plano del ejercicio 2 y SEÑALA a cuál de los anuncios anteriores corresponde el nuevo piso de David y Natalia.

4 PRACTICA con tu compañero. Buscas piso y tu compañero es el agente inmobiliario.

A - Quiero un piso..., con..., en...
- Decides.

B - Ofrece pisos de esas características.
- Enseñas el piso.

5 ESCRIBE una carta a un amigo y describe tu nuevo piso.

Descubriendo
Barrios españoles e hispanoamericanos

1 *Lee los textos y relaciona las fotos con el barrio correspondiente.*

Barrio de La Boca, Buenos Aires

Este barrio es, quizás, el más turístico de la capital de Argentina. Las viviendas son las típicas casas con paredes de colores. La principal calle turística es Caminito, calle peatonal de unos 100 metros. Allí están las construcciones de innumerables colores, muy conocidas, y los artistas que ofrecen sus producciones y espectáculos. Otros lugares destacados son: el Museo de las Bellas Artes de la Boca, el Teatro de la Ribera, el mercado y el Puente Nicolás Avellaneda. Un elemento característico del barrio es el Club Boca Juniors con su estadio de "La Bombonera".

1

2

3

4

Barrio de Lavapiés, Madrid

Lavapiés es uno de los barrios más populares de Madrid. Está en el centro antiguo, en una de las zonas más típicas de la ciudad. Existe mucha actividad cultural gracias a las salas de teatro alternativo y las galerías de arte. Las viviendas son antiguas y muchas se reforman. La Plaza de Lavapiés está en el centro y es el punto de encuentro de todas las comunidades que viven en esas calles pequeñas y estrechas.

2 *Contesta verdadero o falso.*

	V	F
a. La Bombonera está en el centro de Lavapiés.	☐	☐
b. En el barrio de La Boca está la calle Caminito.	☐	☐
c. Las viviendas de La Boca tienen muchos colores en las fachadas.	☐	☐
d. Lavapiés es el barrio de los negocios en Madrid.	☐	☐

3 *Escribe algunas semejanzas y diferencias entre los dos barrios.*

Internet

Internet es un medio excelente para conocer la oferta de pisos de una ciudad. Entra en www.edelsa.es (Actividades en la Red) y trata de alquilar un piso en una gran ciudad.

Unidad 4
Por la ciudad

Competencias pragmáticas:

- Preguntar por la existencia de un lugar o establecimiento. Localizarlos.
- Preguntar por una dirección.
- Pedir y dar explicaciones para llegar a un sitio.
- Preguntar y decir la hora. Preguntar por horarios.

Competencias lingüísticas:

Competencia gramatical
- Artículos indeterminados.
- *Hay / Está(n).*
- Presente de indicativo de *ir, dar, venir, seguir* y *cerrar.*

Competencia léxica
- La ciudad: establecimientos públicos y medios de transporte.
- Números (III).

Competencia fonológica
- Acentuación de las palabras.

Conocimiento sociocultural:

- Moverse por la ciudad: Madrid.

A. ¿Hay una gasolinera por aquí cerca?

 Lee y ESCUCHA.

Natalia:	*Perdone, ¿hay una gasolinera cerca de aquí?*
Señor:	*Mmm... Sí, hay una aquí al lado, en la calle Frida Kahlo.*
Natalia:	*Ah, perfecto, ¿y cómo voy hasta allí?*
Señor:	*Pues giras en la primera calle a la derecha, sigues todo recto y luego giras en la segunda calle a la izquierda. Allí hay una gasolinera abierta las veinticuatro horas.*
Natalia:	*Muchas gracias.*
Señor:	*De nada, de nada.*

1 **Escucha la cinta otra vez y MARCA el recorrido de Natalia en el plano.**

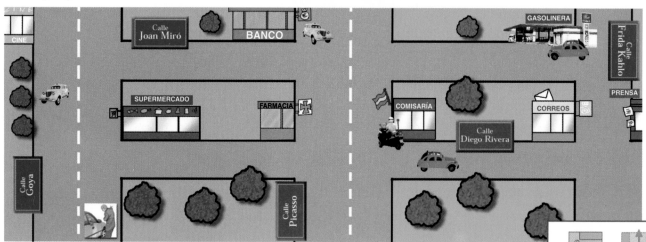

Calle Joan Miró · BANCO · GASOLINERA · Calle Frida Kahlo · CINE · SUPERMERCADO · FARMACIA · COMISARÍA · CORREOS · PRENSA · Calle Diego Rivera · Calle Goya · Calle Picasso

2 **Lee las siguientes afirmaciones y CONTESTA verdadero o falso según el plano.**

	V	F
a. Hay una farmacia y un quiosco de prensa.	☐	☐
b. El supermercado está a la izquierda de la farmacia.	☐	☐
c. El banco está en la calle Diego Rivera.	☐	☐
d. Hay un restaurante enfrente del quiosco.	☐	☐
e. La oficina de correos está cerca del cine.	☐	☐
f. En el plano hay dos salas de cine.	☐	☐

 Giras a la derecha · Cruzas · Giras a la izquierda · Sigues recto

44 • cuarenta y cuatro

Para ayudarte

• **Preguntar por la existencia de un lugar o establecimiento**

A. Perdone, ¿hay
- *un metro cerca?*
- *una cafetería en esta calle?*
- *cajeros automáticos en esta calle?*
- *muchos cines en este barrio?*

• **Localizar establecimientos**

B.
- *Sí, el metro está en la Plaza de Lima.*
- *Sí, la cafetería está aquí al lado.*
- *No, los cajeros están un poco más lejos.*
- *Hay uno en esta misma calle.*

---

3 Mira otra vez el plano y COMPLETA los diálogos.

a.
- ¿Dónde .... el banco más cercano?
- .... un poco lejos, a unos trescientos metros.

b.
- Perdone, ¿............... una farmacia en esta calle?
- .... una al fondo de la calle, sí, enfrente de la comisaría.

c.
- ¿Dónde .... una oficina de correos cerca, por favor?
- .... una aquí al lado, en la calle Diego Rivera.

d.
- ¿El cine Avenida .... en la calle Joan Miró?
- No, no, ... en la calle Goya.

4 PRACTICA en parejas. Sigue las instrucciones de tu compañero y comprueba si llegas al mismo lugar.

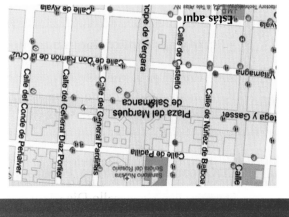

A

1. Dibuja en tu mapa: el cine Ideal, una comisaría, un bar y una farmacia.
2. Pregunta por el restaurante El Toril, una oficina de correos, un banco y una gasolinera.
3. Sigue las instrucciones de tu compañero y comprueba si llegas al lugar indicado.

B

1. Dibuja en tu mapa: el restaurante El Toril, una oficina de correos, un banco y una gasolinera.
2. Pregunta por el cine Ideal, una comisaría, un bar y una farmacia.
3. Sigue las instrucciones de tu compañero y comprueba si llegas al lugar indicado.

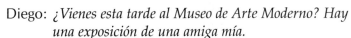

B. ¿Qué hora es?

Lee y ESCUCHA.
Carla y Diego van al Museo de Arte Moderno.

Diego: *¿Vienes esta tarde al Museo de Arte Moderno? Hay una exposición de una amiga mía.*

Carla: *Sí, de acuerdo, pero ¿cómo voy, en metro o en autobús? Ya sabes que no tengo coche.*

Diego: *Mejor en autobús. Tomas el 21 y te bajas en la cuarta parada, en la calle del escritor Carlos Fuentes; cruzas la Plaza de la República y enfrente de la biblioteca está el Museo.*

Carla: *¡Qué lío! ¿Qué calle es?*

Diego: *No es ningún lío. Es muy fácil. Está en la calle Acapulco número veinticinco.*

Carla: *¿Y a qué hora abre el museo?*

Diego: *A ver... el museo abre a las nueve de la mañana y cierra a las seis de la tarde. Vamos a las cuatro y media, ¿de acuerdo?*

Carla: *Las cuatro y media... ¿Qué hora es ahora?*

Diego: *Las dos menos cuarto.*

Carla: *Muy bien. A las cuatro y media en el museo. ¡Hasta luego!*

Diego: *Nos vemos.*

1 **ESCUCHA otra vez y completa la información que falta.**

a. Carla tiene que tomar el autobús ....
b. El museo está enfrente de ....
c. El horario del Museo de Arte Moderno es ....
d. Diego y Carla quedan a las ....

• Pedir y dar explicaciones para llegar a un sitio

A. *¿Cómo voy al museo?*
B. *Caminando / andando / a pie / en autobús / en metro / en taxi*
   Tomas el autobús... / te subes en..., te bajas en...

2 **PRACTICA con tu compañero. Puedes ayudarte del mapa de la página 44.**

A	B
- Pregunta a B si quiere ir al cine. - Contesta. - Señala el medio de transporte.	- Contéstale afirmativamente y pregunta dónde está el cine. - Pregunta cómo se va al cine.

● **Preguntar y decir la hora**

A.   ¿Qué hora es?
B.   Son las dos menos cuarto / tres y media / etc.
C.   Es la una / una y cuarto.

● **Preguntar por horarios**

A.   ¿A qué hora abre el supermercado?
B.   A las diez en punto.
A.   Gracias.

LA HORA

11:00	Son las once	(en punto)
11:05		...y cinco
11:15	Son las once	...y cuarto
11:30		...y media
11:35		...menos veinticinco
11:45	Son las doce	...menos cuarto
11:55		...menos cinco
13:00	Es la una	
14:00	Son las dos	

3 **ESCRIBE la hora debajo de cada reloj. A continuación, escucha y comprueba tus respuestas.**

1

Son las ocho
menos cuarto.

2

....

3

....

4

....

5

....

6

....

4 **PRACTICA con tu compañero. Observa el horario de salidas y llegadas de vuelos internacionales y completa la tabla con la información que falta. A es un pasajero y B es una azafata de la oficina de información.**

A	- Disculpe, ¿a qué hora llega/sale el avión de...? - ¿Por qué puerta?

B	- A las... - Por la...

A

SALIDAS				LLEGADAS			
nº vuelo	**destino**	**hora**	**puerta**	**nº vuelo**	**procedencia**	**hora**	**puerta**
IB 543	México DF	....	....	IB 376	La Habana	21:15	7
ARG 421	Buenos Aires	18:00	2	AVA 621	Bogotá	07:45	....
VRG 268	Río de J.	....	9	VRG 589	São Paulo	....	6

B

SALIDAS				LLEGADAS			
nº vuelo	**destino**	**hora**	**puerta**	**nº vuelo**	**procedencia**	**hora**	**puerta**
IB 543	México DF	14:30	5	IB 376	La Habana	....	7
ARG 421	Buenos Aires	....	....	AVA 621	Bogotá	....	12
VRG 268	Río de J.	19:40	....	VRG 589	São Paulo	18:20	6

VRG = Varig (Aerolíneas Brasileñas)
ARG = Aerolíneas Argentinas

AVA = Avianca (de Colombia)
IB = Iberia

C. Los números

1 🎧 **ESCUCHA y completa los números.**

20 veinte	101 ciento uno
30 treinta	200 doscientos/as
31 treinta y _ _ _	300 tres _ _ _ _ tos/as
40 cuarenta	400 cuatrocientos/as
50 _ _ _ cuenta	500 _ _ _nientos/as
60 sesenta	600 seiscientos/as
70 _ _ _ enta	700 setecientos/as
80 ochenta	800 ochocientos/as
90 _ _ _ enta	900 _ _ _ _ cientos/as
100 cien	1 000 mil

1 352 mil trescientos cincuenta y dos
2 813 dos mil ochocientos trece

2 **Mira la tabla y ESCRIBE como en el ejemplo las distancias entre siete ciudades argentinas.**

Ciudad	BA	SLT	RES	COR	SL	VIE	RG
Buenos Aires	0	1510	1023	715	790	960	2635
Salta	1510	0	780	897	1245	2091	3532
Resistencia	1023	780	0	875	1295	2069	3390
Córdoba	715	897	875	0	420	1194	3635
San Luis	790	1245	1295	420	0	1099	2540
Viedma	960	2091	2069	1194	1099	0	1675
Río Gallegos	2635	3532	3390	2635	2540	1675	0

Entre Salta y Córdoba hay ochocientos noventa y siete kilómetros.

PRONUNCIACIÓN Y ORTOGRAFÍA

Para ayudarte

- **¿Dónde colocar el acento fónico en español?**

- En la última sílaba tónica, para las palabras terminadas en consonante (excepto *n* o *s*): capital.
- En la penúltima sílaba tónica, para las palabras terminadas en vocal, en *n* o en *s*: España.
- Las sílabas que no siguen las reglas anteriores, llevan una tilde (acento escrito) sobre la sílaba tónica: camión.

1 **CLASIFICA las palabras en la categoría correspondiente.**

ordenador	despacho	inglés	detrás	calle	ciudad
lejos	delante	fútbol	taxi	avenida	playa

Con tilde	Penúltima sílaba tónica	Última sílaba tónica
inglés	*despacho*	*ordenador*

2 🎧 **Escucha las palabras y ESCRIBE la tilde en las palabras que la necesiten.**

lapiz	Angel	habitacion	estan	Bogota
Victor	Gomez	cafe	aqui	Seul

Amplía tu *vocabulario*

1 Mira el mapa y **COMPLETA** el vocabulario.

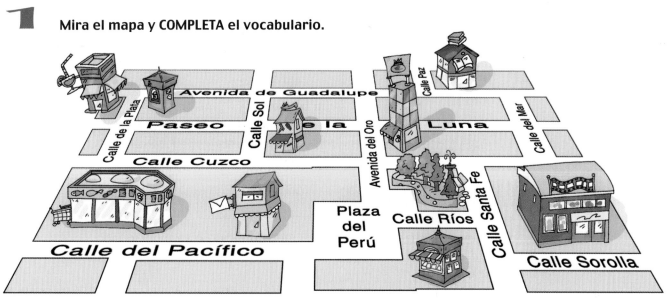

2 **CLASIFICA** los nombres en las categorías correspondientes.

TIENDAS	SERVICIOS	PARTES DE LA CIUDAD
supermercado	*correos*	*calle*

 ¡OJO! LÉXICO DE HISPANOAMÉRICA

> el metro = subterráneo (o subte) en Argentina
> el estanco = quiosco de cigarrillos
> *Coger* no se utiliza en muchos países de
> Hispanoamérica. Se emplea *agarrar* o *tomar.*

3 Lee las frases y **ESCRIBE** la palabra que falta en la última. Es un sinónimo.

a. Si Juan está en Venezuela toma la guagua.
b. Si está en México toma el camión.
c. Si está en Argentina toma el colectivo.
d. Si está en Perú toma la góndola.
e. Si está en España coge el ....

4 **¿Dónde puedes comprar las siguientes cosas?**

a   b   c   d   e   f

Contenidos gramaticales

Ⓝ Artículos indeterminados

	Singular	Plural
Masculino	un banco	unos bancos
Femenino	una cafetería	unas cafeterías

- El artículo indeterminado se usa para hablar de algo o alguien desconocido o no mencionado.
  - *¿Hay un banco cerca?*
  - *Sí, el BBVA está en esta misma calle.*

- El artículo determinado sirve para hablar de algo o alguien conocido o ya mencionado.
  - *Perdone, ¿dónde está el cine Capitol?*
  - *En la calle Gran Vía.*

1 COMPLETA con los artículos adecuados.

a. En la calle Preciados hay .....*unos*..... grandes almacenes muy conocidos.
b. En la plaza de las Cortes Catalanas está .... cine Avenida.
c. Me parece que cerca del supermercado está .... estación de metro.
d. En mi barrio hay .... tienda de ropa de marca muy conocida.
e. Allí, al fondo de la calle, está .... parada del autobús.
f. En el centro está .... oficina de Correos.

Ⓝ Contraste *Hay / Está (n)*

- **Hay** (haber) se utiliza para indicar la existencia de algo o alguien.

  Hay + | un/uno/una <br> dos/tres | + sustantivo

  En el centro hay (unas) tiendas muy bonitas.

- **Está(n)** se emplea para situar en el espacio algo o alguien.

  Está(n) + | artículo determinado <br> adjetivo posesivo | sustantivo singular/plural

  - *¿Sabes dónde está mi móvil?*
  - *Creo que está en la mesa del comedor.*

2 RELACIONA para formar frases con *hay* o *está/n*.

- En la calle Preciados
- Cerca de aquí
- A menos de diez minutos
- El dormitorio
- ¿Qué
- ¿Dónde
- En la cocina sólo
- Enfrente de la cafetería

está
hay
están

- una farmacia de guardia.
- unos grandes almacenes.
- en esta calle?
- un garaje, por favor?
- un armario para los platos.
- al fondo del pasillo.
- las tiendas de discos.
- un banco.

Verbos **IRREGULARES** en presente: **IR, VENIR, SEGUIR, CERRAR, DAR**

	IR*	VENIR E>IE	SEGUIR E>I	CERRAR E>IE	DAR 1ª persona
(Yo)	voy	vengo	sigo	cierro	doy
(Tú)	vas	vienes	sigues	cierras	das
(Él/ella/Ud.)	va	viene	sigue	cierra	da
(Nosotros/as)	vamos	venimos	seguimos	cerramos	damos
(Vosotros/as)	vais	venís	seguís	cerráis	dais
(Ellos/ellas/Uds.)	van	vienen	siguen	cierran	dan

*El verbo ir es completamente irregular.

3 CONJUGA los verbos que aparecen entre paréntesis.

a. Para ir al cine Coliseo ..*tomas*..... (tomar/tú) el 1 en la calle Princesa y ..*bajas*.... (bajar/tú) en la quinta parada.

b. • Perdone, ¿............... (haber) una estación de metro cerca?
   • .... (seguir/Ud.) todo recto. La estación de metro .... (estar) a unos cincuenta metros.

c. • ¿............... (venir/tú) a mi casa esta tarde?
   • Vale, ¿a qué hora .... (ir/yo)?

d. Para ir al trabajo .... (salir/yo) de casa a las ocho y media.

e. Mis amigos y yo .... (ir) al centro los fines de semana.

f. • ¡Qué pelo tan bonito!
   • Claro, ... (venir/yo) de la peluquería.

 Locuciones y adverbios de lugar

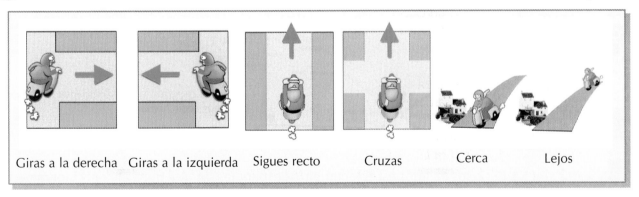

Giras a la derecha   Giras a la izquierda   Sigues recto   Cruzas   Cerca   Lejos

4 MIRA la ilustración de la página 49 y corrige la información.

a. La oficina de Correos está en la Plaza del Perú.
b. Hay dos cines en la calle Sorolla.
c. El supermercado está enfrente de los cines.
d. La librería está cerca del quiosco de periódicos.
e. Para llegar al puesto de la ONCE desde la Plaza del Perú, cruzas la Plaza, sigues por la Avenida del Oro, giras en la primera calle a la derecha, sigues todo recto y giras en la segunda a la derecha.

Actividades

1

Lee los horarios y CONTESTA a las preguntas.

MUSEO DE AMÉRICA

Horario: de martes a sábado de 10 a 15 horas.
Domingos y festivos de 10 a 14:30.
Metro Moncloa.

Horario: de lunes a viernes de 10:30 a 18:00; sábados, domingos y festivos de 10:30 a 19:00 horas. Autobús 33.

MUSEO DEL PRADO

Horario: de martes a sábado de 9 a 19 horas.
Domingos y festivos de 9 a 14 horas.
Lunes cerrado. Metro Banco de España.

a. ¿A qué hora cierra el Palacio Real?
b. ¿Qué institución no abre los lunes?
c. ¿Qué horario tiene durante los días festivos el Museo de América?

PALACIO REAL
Abierto todos los días de 9:30 a 17 horas. Metro Ópera.

2

Mira el mapa del metro. ESCUCHA las indicaciones y señala a cuál de los lugares del ejercicio 1 llega Natalia.

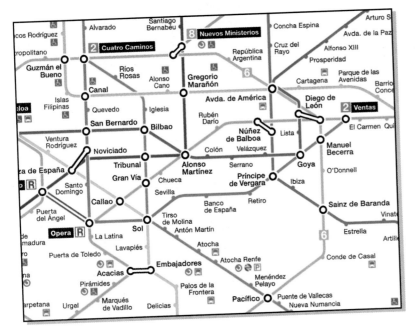

3

PRACTICA en parejas.

Selecciona varios trayectos en el metro de Madrid y EXPLICA a tu compañero cómo llegar hasta allí. Él tiene que adivinar adónde llega.

A. *Coges* la línea 4 en San Bernardo y vas hasta Goya. Allí cambias, coges la línea 2, dirección Ventas y bajas en la primera estación. ¿Adónde llegas?*
B. *A Manuel Becerra.*
A. *Sí.*

*Nota: recuerda que en Hispanoamérica es mejor decir "tomas".

4

Estos son los horarios de unos establecimientos españoles. ¿A qué hora abren y cierran en tu país? ¿Conoces otros lugares en donde los horarios son diferentes? ESCRIBE un breve texto explicando las coincidencias y las diferencias.

FARMACIA
24 horas

BANCO
08:30-14:30

BAR
07:00-24:00

Descubriendo

Un paseo por Madrid

UNIDAD 4

1 ¿Qué sabes de Madrid? Lee las frases y señala si son verdaderas o falsas.

	V	F
a. Madrid es la capital de España.	☐	☐
b. Tiene 10 millones de habitantes.	☐	☐
c. Está en el sur del país.	☐	☐
d. Hay siete líneas de metro.	☐	☐

1

2 Lee el texto siguiente y escribe los pies en cada foto.

Pasear por Madrid es fácil y cómodo, gracias a la excelente red de transporte público que tiene: metro, autobuses, taxis.

El metro tiene más de diez líneas y une todos los puntos de la ciudad. Es rápido, moderno y puntual. Los turistas también disponen de un autobús turístico especial que recorre los lugares más interesantes de la ciudad con explicaciones en varios idiomas.

Los lugares que no se puede perder son:

• *La Puerta del Sol* es el centro de Madrid y de España, el km 0 de las carreteras españolas. Todos los años los madrileños reciben el Año Nuevo desde esta plaza, con las doce campanadas del reloj de la antigua Casa de Correos.

• *El Palacio Real* es del siglo XVIII, de estilo neoclásico, está rodeado por unos bellos jardines italianos (jardines de Sabatini y el Campo del Moro).

• *La Plaza Mayor* es de forma rectangular, del siglo XVII, lugar de reunión al aire libre de artistas.

• *El Museo del Prado*, una de las pinacotecas más importantes del mundo, contiene más de 2 500 obras de los pintores más renombrados de los siglos XV, XVI, XVII y XVIII.

• *El Museo Nacional Centro de Arte Reina Sofía* contiene pinturas del siglo XX.

2

3

4

5

3 Relaciona la información.

1. La Plaza Mayor	a. está el km 0 de las carreteras.
2. El Palacio Real	b. es del siglo XVII.
3. El Museo del Prado	c. contiene pintura moderna.
4. En la Puerta del Sol	d. tiene jardines italianos.
5. El Museo Reina Sofía	e. tiene más de 2 500 obras.

Internet

El Museo del Prado es la pinacoteca más importante de España. Entra en www.edelsa.es (Actividades en la Red) y accede a la página oficial del Museo. Allí encontrarás datos y una ruta por las salas más importantes.

Entrada a un típico café. Distrito de La Candelaria
Bogotá. Colombia

Unidad 5
Comer en el restaurante

Competencias pragmáticas:

- **Preguntar por un deseo o necesidad y contestar.**
- **Preguntar el importe.**
- **Pedir la comida en un restaurante.**
- **Expresar gustos.**
- **Pedir a alguien que haga algo. Responder.**

Competencias lingüísticas:

Competencia gramatical
- **Imperativo regular e irregular (tú / usted).**
- **Verbo *gustar*.**
- **Presente de indicativo de *querer, poder, hacer*.**

Competencia léxica
- **Clases de alimentos.**
- **Aficiones.**

Competencia fonológica
- **El sonido /X/, la letra "j".**

Conocimiento sociocultural:

- **Hábitos alimenticios.**

 Lee y ESCUCHA.
David y Daniel están en un bar.

TAPAS

Pisto
Calamares
Tortilla de patatas
Patatas
Queso

RACIONES

Queso manchego	6,50 €
Jamón ibérico	12,00 €
Morcilla	5,90 €
Boquerones en vinagre	6,00 €
Croquetas	4,90 €
Pimientos	5,00 €

David:	¡Camarero! ¡Por favor!
Camarero:	Sí, un momento. ¿Qué van a tomar?
David:	Yo quiero un refresco. ¿Tú qué tomas, Daniel?
Daniel:	Yo quiero una tónica.
Camarero:	Muy bien. ¿Quieren alguna tapa?
David:	Pues sí. Nos pone unas patatas y una de pisto, por favor.
Daniel:	Y una ración de jamón ibérico.
Camarero:	Muy bien.
	[...]
Camarero:	Aquí tienen.
Daniel:	Gracias. ¿Cuánto es?
Camarero:	Son dieciocho euros con cincuenta.

1 Escucha y **SEÑALA** en el menú la comida que piden David y Daniel.

2 ORDENA el diálogo que se produce en un bar.

☐ Camarero: *Enseguida.*
☐ Cliente: *¿Cuánto es?*
☐ Camarero: *Son dos euros con ochenta.*
☐ Camarero: *Muy bien. ¿Y algo de comer?*
1 Cliente: *Buenos días.*
☐ Cliente: *Sí, ¿qué tienen?*
☐ Cliente: *Quería un mosto.*
☐ Camarero: *Hola, buenos días. ¿Qué le pongo?*
☐ Camarero: *Pues de tapas tenemos pisto, patatas bravas, queso, boquerones, tortilla de patatas. Y luego están las raciones, claro.*
☐ Cliente: *Ya. Me pone una tapa de tortilla, por favor.*

Para ayudarte

• **Preguntar por un deseo o necesidad**
¿Qué quiere /quieres? ¿Quiere / Quieres...?
• **Preguntar el importe**
¿Cuánto es?
• **Pedir la comida en un restaurante**
(Yo quiero) de primero / de postre / de beber...

Lee y ESCUCHA.

Sandra y Mónica están en un restaurante.

Camarero:	*Aquí tienen la carta.*
Sandra:	*Gracias. A ver... ¿qué te apetece comer, Mónica?*
Mónica:	*Yo quiero una ensalada mixta de primer plato y bacalao a la bilbaína de segundo. ¿Y tú, qué vas a comer?*
Sandra:	*No sé, no tengo mucha hambre... un gazpacho y unos calamares.*
Mónica:	*¿No quieres picar nada antes?*
Carmen:	*Bueno, un poco de queso para picar las dos.*
Camarero:	*Muy bien. Y para beber, ¿qué van a tomar?*
Sandra:	*Nos trae una botella de agua mineral sin gas, por favor.*
Camarero:	*Muy bien.*

Mesa 2
- 1 ración de queso.
- 2 ensaladas mixtas.
- 1 bacalao a la bilbaína.
- 1 gazpacho
- 1 calamares.
  Bebidas:
- 2 botellas de agua con gas.

3 **Escucha otra vez y CORRIGE la información de la nota del camarero.**

4 **RELACIONA las columnas para formar el diálogo.**

a. ¡Camarero, por favor!
b. Aquí tienen la carta.
c. ¿Cuánto es?
d. ¿Qué quieren comer?
e. ¿Cuántas personas son?

1. Tres.
2. Doce euros.
3. Muchas gracias.
4. Sí, ¿qué quieren tomar?
5. Un poco de jamón y un poco de queso.

5 **PRACTICA con tu compañero. Mira el menú del ejercicio 1 y representa la situación que se produce en un bar.**

A
- Saludas.
- Eliges la bebida.
- Eliges la comida.
- Pides la cuenta.

B
- Saludas y preguntas por la bebida.
- Preguntas por la comida.
- Entregas la cuenta.

B. Y a ti, ¿qué te gusta?

Lee y ESCUCHA.

Eva y Sergio están en una emisora de radio, hablando con el presentador.

Locutor: *¿A ti qué te gusta, Eva?*
Eva: *A mí me gusta la música latina, me gustan los deportes, los idiomas, y me gusta bastante cocinar...*
Locutor: *Y, ¿te gustan los juegos de mesa?*
Eva: *¿Qué juegos de mesa?*
Locutor: *Bueno, por ejemplo, las damas.*
Eva: *No, no me gusta mucho jugar a las damas. Prefiero jugar al ajedrez.*

Locutor: *Y a ti, Sergio, ¿qué te gusta?*
Sergio: *Pues... me gusta bastante la música disco, las motos me encantan, me gusta bailar...*
Locutor: *¿A ti te gusta jugar al ajedrez?*
Sergio: *No, no me gusta nada. No me gusta estar quieto mucho tiempo. Prefiero ir a la discoteca o a los conciertos de rock.*

Para ayudarte

• **Expresar gustos**

A mí me			+	Me encanta.
A ti te	gusta	{ la música / cocinar		Me gusta mucho.
A él/ella/usted le				Me gusta.
A nosotros nos				No me gusta mucho.
A vosotros os	gustan	los coches		No me gusta.
A ellos/as/ustedes les			-	No me gusta nada.

1 **ESCUCHA otra vez y señala los gustos de cada personaje.**

	Música	Juegos de mesa	Ajedrez	Deportes	Motos	Bailar
Eva						
Sergio	**bastante**					

2 RELACIONA los dibujos con cada actividad.

1

2

a • Pintura
b • Teatro
c • Deportes
d • Moda
e • Cine
f • Culturas orientales
g • Leer el periódico
h • Libros

3

4

5

6

7

8

3 ESCRIBE frases con los gustos de estas personas.

Hugo   Icíar   Manuel   Paco   Carolina

A Manuel y Carolina les gusta la pintura.

4 PREGUNTA para conocer los gustos de diferentes personas.

	Tenis	Cine	Pintura	Libros	Ropa	Hamburguesas
A ti						
A tu compañero/a						
A tu profesor/-a						
A tu mejor amigo/a						

5 PRACTICA en grupos. Escribe en un papel una cosa que te gusta. Mezcla los papeles de toda la clase. Por turnos, coges un papel y adivinas a quién corresponde.

A Charles le gusta jugar al fútbol.

C. Situaciones

Escucha estas frases y REPITE las preguntas con sus respuestas.

1. ¿Me prestas el periódico?
2. ¿Puede abrir la ventana, por favor?
3. ¿Puedes cerrar la ventana? Hay mucho ruido.
4. Siéntese, por favor.
5. ¿Me das agua, por favor?

a • Gracias.
b • Claro, toma.
c • Ahora mismo.
d • Lo siento. Ahora no puedo.
e • Sí, aquí tienes.

2 Ahora mira estas escenas. ¿A qué diálogo corresponden? SEÑALA tus respuestas.

1 2 3 4 5

En todas las situaciones hay alguien que pide un favor, excepto en una. ¿Cuál es?

Para ayudarte

• Pedirle a alguien que haga algo	• Responder
A. *¿Puede (usted) cerrar la puerta?*	B. *Sí, claro.*
A. *Abre (tú) la ventana, Carlos.*	B. *¡Vale!*
A. *Apaga (tú) la luz, María.*	B. *Sí, ahora mismo.*

3 ¿Qué dices en estas situaciones? ESCRIBE tus respuestas.

Estás en clase. No oyes a la profesora.   *¿Puede usted hablar más alto, por favor?*

a. Estás en un restaurante. Quieres ver la carta y la tiene el camarero.
b. Estás en tu casa. Hay mucho ruido y la ventana está abierta. Hablas con tu hermana.
c. Estás en un autobús. Hace calor y la ventanilla está cerrada. Hablas con un desconocido.

PRONUNCIACIÓN Y ORTOGRAFÍA

1 ESCUCHA y repite.

Jamaica, Argentina, joven, naranja, extranjero, girar, junto, girasol, Jorge, jirafa, Júpiter

	a	e	i	o	u
/ X /	ja	je, ge	ji, gi	jo	ju

2 Escucha y SEÑALA qué palabra oyes.

	a.	b.	c.	d.	e.	f.
1	hizo	coja	susto	cruje	jauja	gira
2	hijo	cosa	justo	cruce	jaula	mira

Amplía tu *vocabulario*

1 RELACIONA cada ilustración con una palabra del recuadro.

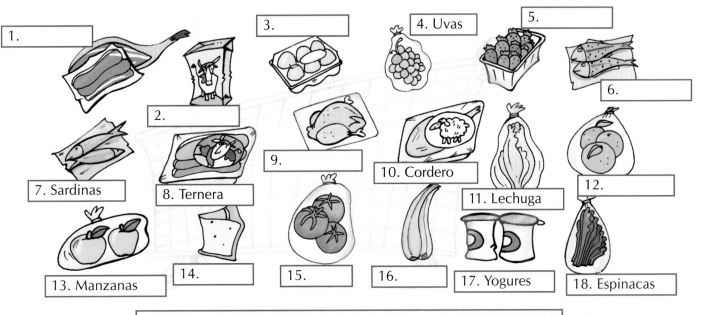

1.
2.
3.
4. Uvas
5.
6.
7. Sardinas
8. Ternera
9.
10. Cordero
11. Lechuga
12.
13. Manzanas
14.
15.
16.
17. Yogures
18. Espinacas

QUESO   TRUCHAS   HUEVOS   NARANJAS   POLLO
JAMÓN   PLÁTANOS   TOMATES   FRESAS   LECHE

2 CLASIFICA los alimentos en la columna correspondiente. Añade más palabras.

Carnes	Pescados	Frutas y verduras	Lácteos y derivados	Postres

¡OJO! LÉXICO DE HISPANOAMÉRICA

las patatas = las papas
el plátano = la banana
gustar = provocar (Colombia)

3 MIRA el dibujo y COMPLETA las frases.

a. Tomamos la sopa con una ....
b. Para beber usamos un ....
c. La sopa se toma en un ....
d. Para comer carne usamos un ....
e. Nos limpiamos la boca con una ....

JARRA
SERVILLETA
VASO
CUCHARA
TENEDOR
PLATO
CUCHILLO

Contenidos gramaticales

 Imperativos regulares

HABLAR	BEBER	ABRIR	
habla	bebe	abre	(tú)
hable	beba	abra	(usted)

 Algunos imperativos irregulares

PONER	VENIR	HACER	SENTARSE
pon	ven	haz	siéntate
ponga	venga	haga	siéntese

1 **COMPLETA con los verbos en imperativo.**

a. ...*Hable*.... (hablar/Ud.) más alto, por favor.
b. .... (poner/tú) la mesa, Carlos. Vamos a comer en diez minutos.
c. .... (pasar/Ud.) y .... (sentarse/Ud.)
d. .... (abrir/tú) la puerta, están llamando.
e. .... (hablar/tú) más bajo, me duele la cabeza.
f. .... (poner/Ud.) una ensalada y una sopa de cocido.
g. .... (bajar/tú) la televisión, está muy alta.
h. Juan, ... (recoger/tú) tu ropa y .... (ordenar/tú) la habitación. Está hecha un desastre.

2 **ESCRIBE los verbos que faltan para completar los diálogos.**

RESPIRAR	ABRIR	COGER	BEBER	COLOCAR

a. • ¿Cómo voy a tu casa?
   • ...*Coge*...... el autobús 5.

b. • ¿Te puedo ayudar?
   • Sí, gracias. .... los libros en la estantería, por favor.

c. Hace mucho calor aquí. .... la ventana.

d. • No sé lo que me pasa, pero me encuentro un poco mal.
   • No se preocupe. .... hondo y .... un poco de agua.

 Verbo GUSTAR

A mí me		
A ti te	gusta	{ la música
A él/ella/usted le		cocinar
A nosotros/as nos		
A vosotros/as os	gustan	las motos
A ellos/ellas/ustedes les		

3 COMPLETA las frases con *gusta* / *gusta* (–*n*) según corresponda.

a. A los niños les ...*gustan*... mucho las hamburguesas.
b. A mí no me .... las verduras.
c. A los jóvenes, en general, no les .... la música clásica.
d. • ¿A ti te .... leer?
   • No, me .... más ver la tele.
e. A los españoles les .... mucho comer fuera de casa.
f. A casi toda la gente le .... bailar.

4 ORDENA las palabras para formar frases.

a. la gusta italiana mucho Me comida
Me gusta mucho la comida italiana.
....

b. ? cocinar, ¿ Nuria gusta te
....

c. ¿los gustan os A vosotros mexicanos restaurantes?
....

d. gusta nuevo nada no le el la A restaurante gente
....

e. leer A mucho Natalia le gusta
....

f. la Nacho me mí no casa A de nada gusta
....

g. al A mucho extranjero les viajar padres gusta sus
....

🔊 Verbos IRREGULARES en presente: QUERER, PODER, HACER

	QUERER E>IE	PODER O>UE	HACER 1ª persona
(Yo)	quiero	puedo	hago
(Tú)	quieres	puedes	haces
(Él/ella/Ud.)	quiere	puede	hace
(Nosotros/as)	queremos	podemos	hacemos
(Vosotros/as)	queréis	podéis	hacéis
(Ellos/ellas/Uds.)	quieren	pueden	hacen

5 ESCRIBE la forma adecuada del verbo.

a. ¿Qué ....*quieren*.... (querer/Uds.) de segundo plato?
b. ¿.................... (poder/Ud.) traernos la carta, por favor?
c. Hoy .... (hacer/tú) la comida.
d. ¿.................... (poder/tú) venir esta tarde a mi casa?
e. No .... (querer/nosotros) nada de postre, gracias.
f. Los fines de semana .... (hacer/yo) la compra.

Actividades

1 LEE este menú desordenado de un restaurante. Coloca las etiquetas en los lugares correspondientes.

2 Mira la nota del camarero y ESCUCHA a los clientes. Hay errores. Corrígelos.

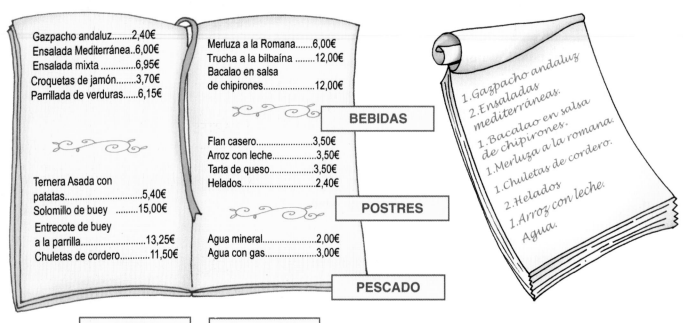

Gazpacho andaluz........2,40€
Ensalada Mediterránea..6,00€
Ensalada mixta ....6,95€
Croquetas de jamón.......3,70€
Parrillada de verduras.....6,15€

Ternera Asada con
patatas....................5,40€
Solomillo de buey ....15,00€
Entrecote de buey
a la parrilla.................13,25€
Chuletas de cordero...........11,50€

Merluza a la Romana.......6,00€
Trucha a la bilbaína ....12,00€
Bacalao en salsa
de chipirones...................12,00€

BEBIDAS

Flan casero.....................3,50€
Arroz con leche................3,50€
Tarta de queso.................3,50€
Helados..........................2,40€

POSTRES

Agua mineral...................2,00€
Agua con gas..................3,00€

PESCADO

CARNE   **ENTRADAS**

1. Gazpacho andaluz
2. Ensaladas mediterráneas.
1. Bacalao en salsa de chipirones.
1. Merluza a la romana.
1. Chuletas de cordero.
2. Helados
1. Arroz con leche.
Agua.

3 EN PAREJAS. Por turnos hacemos esta encuesta sobre gustos gastronómicos y hábitos alimenticios.

COMER *bien*

ENCUESTA

1. ¿Dónde le gusta comer a diario?
a) En casa.
b) Fuera de casa.
2. ¿Le gusta cocinar?
a) Sí.
b) No.
3. ¿Cómo cocina en su casa?
a) Cocino platos todos los días.
b) Compro comida precocinada.
c) Pido comida por teléfono.

4. ¿Dónde hace la compra?
a) En el supermercado.
b) En pequeñas tiendas.
c) En los mercados.
5. ¿Qué tipo de cocina prefiere?
a) Comida mediterránea (francesa, italiana, griega, española).
b) Comida oriental (china, japonesa, tailandesa).
c) Comida rápida: las hamburguesas, perritos calientes, pizzas, etc.
6. ¿Cuánto dinero dedica al mes a la comida?
a) 30 € o menos.
b) De 30 € a 50 €.
c) 50 € o más.

4 ESCRIBE unas frases para resumir los resultados de la encuesta en la clase.

A Marie le gusta mucho cocinar pero come todos los días fuera de casa.

1 ¿Sabes lo que es la paella? ¿Qué ingredientes tiene?

2 ¿Conoces los burritos? ¿De dónde son originalmente? Lee el texto y averígualo.

La cocina española es una de las más variadas del mundo; los platos más típicos son:

En el Norte, exquisitos platos de pescado y marisco. En Asturias es típica la fabada, *un guiso a base de alubias.*

En Castilla todo el mundo conoce el cocido, *los* callos *y las carnes a la brasa.*

En Andalucía, un plato excelente para el tiempo caluroso es el gazpacho, *una sopa fría de tomate, pimiento, pepino, etc.*

En Valencia es típica la paella, *que es un plato de arroz con casi cualquier cosa.*

En Hispanoamérica, la variedad es también muy grande. Por ejemplo, en Cuba y Colombia encontramos el ajiaco, *a base de verduras, pollo, pimienta y alcaparras. En Perú y Ecuador es típico el* cebiche, *que es pescado o marisco marinado en jugo de limón verde.*

En México están las enchiladas, *hechas con tortillas de harina de maíz rellenas de carne y chiles, así como los* burritos *o el* guacamole, *una salsa de aguacate.*

Por último, es común a todos los países hispanohablantes el gusto por la fruta, de la que existe una gran variedad, desde la fruta tropical hasta la mediterránea.

1. Paella

2. Burritos

3. Gazpacho

4. Cebiche

5. Fabada

3 *Después de leer el texto, relaciona los platos con su lugar de procedencia.*

1. fabada
2. ajiaco
3. cebiche
4. gazpacho
5. cocido
6. burritos
7. paella

a. Perú
b. México
c. Cuba
d. Asturias
e. Valencia
f. Castilla
g. Andalucía

6. Ajiaco

Internet

El gazpacho y el guacamole son dos platos típicos de la cocina española y mexicana. Entra en www.edelsa.es (Actividades en la Red) y aprende cómo se preparan.

Imagen de Las Ramblas
Barcelona. España

Unidad 6
Háblame de ti

Competencias pragmáticas:

- **Describir a una persona.**
- **Preguntar y decir la edad.**
- **Hablar de acciones habituales.**

Competencias lingüísticas:

Competencia gramatical
- **Adjetivos posesivos (II).**
- **Presente de indicativo de *salir, volver, empezar, jugar*.**
- **Verbos reflexivos: *levantarse, acostarse*.**

Competencia léxica
- **Adjetivos calificativos de descripción física y de carácter.**
- **La familia.**

Competencia fonológica
- **La "r" y la "rr".**

Conocimiento sociocultural:

- **Celebración de una boda.**

A. ¿Cómo es?

 Lee y ESCUCHA.
Celia y Natalia son amigas. Hace bastante tiempo que no se ven y se encuentran en la calle por casualidad.

Natalia: ¡Hola, Celia! ¿Qué tal? ¿Cómo te va?
Celia: Bien, ¿y tú? ¿Qué tal estás?
Natalia: Muy bien, ¿sabes?, me caso dentro de tres semanas.
Celia: ¡No me digas! Cuéntame, ¿cómo es tu novio?
Natalia: Es alto, delgado, rubio, tiene barba... pero mira, aquí tengo una foto.

Celia: Es muy guapo. Tiene los ojos oscuros, ¿verdad?
Natalia: No, los tiene claros. La foto no es muy buena.
Celia: ¿Y qué hace?
Natalia: Es médico, trabaja en un hospital.
Celia: ¡Qué bien! Es bastante joven, ¿no?
Natalia: Bueno, tiene treinta y cuatro años...

1 Escucha otra vez y lee estas frases. **CORRIGE** la información como en el ejemplo.

Celia y Natalia no se conocen. > *Celia y Natalia son amigas.*

a. Celia se casa dentro de tres semanas.
b. Su novio tiene los ojos oscuros.

c. Su novio es alto y moreno.
d. Celia trabaja en un hospital.

Para ayudarte

• **Describir físicamente a alguien**

Es...	Tiene.../Lleva...		TENER
moreno/a o rubio/a	bigote/barba	(Yo)	**tengo**
alto/a o bajo/a	el pelo corto/largo	(Tú)	**tienes**
gordo/a o delgado/a	el pelo liso/rizado	(Él/ella/Ud.)	**tiene**
guapo/a o feo/a	Tiene...	(Nosotros/as)	tenemos
joven o mayor	los ojos oscuros/claros	(Vosotros/as)	tenéis
		(Ellos/ellas/Uds.)	**tienen**

2 RELACIONA cada descripción con su dibujo correspondiente.

a  b  c  d

1
Es alto, rubio, tiene los ojos azules y el pelo liso.

2
Tiene el pelo rizado y corto. Es morena y bastante guapa.

3
Es morena y bastante mayor. Tiene los ojos oscuros y el pelo liso.

4
Es moreno, bajo y delgado. Tiene el pelo largo y rizado. Tiene los ojos oscuros.

3 Ahora Celia y Natalia hablan de la hermana de Celia. ¿Cuál de las imágenes es?

a

b

c

d

4 PRACTICA en grupo. El juego de las veinte preguntas.

Un alumno piensa en un compañero de clase. Los demás hacen preguntas para averiguar quién es. Sólo puede responder *sí* o *no*.

- *¿Tiene el pelo liso?*
- *¿Es joven?*
- *¿Es Marie?*
- *¿Es Jacqueline?*

- *No.*
- *Sí.*
- *¡No!*
- *¡Sí!*

- **Preguntar y decir la edad**

A. *¿Cuántos años tienes?*
B. *(Tengo) treinta.*

Para ayudarte

5 RELACIONA los adjetivos de la lista con las fotografías.

1. DIVERTIDA   2. ....   3. ....   4. ....   5. ALEGRE   6. ....

SERIO   ATREVIDA   INTELIGENTE   SIMPÁTICO

ara ayudarte

- **Describir la personalidad**

Es...
inteligente   tonto/a
divertido/a   serio/a
simpático/a   antipático/a

6 EN GRUPOS. Concedemos el premio "Naranja" al personaje más simpático de la actualidad, y el premio "Limón" al más antipático. Cada grupo presenta sus premios:

"Y el premio Naranja es para..."

B. ¿Qué haces?

1 **Mira estas escenas. SEÑALA a qué frases corresponden.**

Natalia Ramírez es empresaria.

a. Natalia se levanta a las siete.
b. Empieza a trabajar a las ocho.
c. Sale de trabajar a las tres y come en un restaurante.
d. Va a clase de inglés en una academia de cinco a siete y luego vuelve a casa.
e. Antes de cenar lee el periódico.
f. Después de cenar ve un rato la televisión y se acuesta.
g Los sábados por la mañana da un paseo por el parque, y por la tarde sale con sus amigos.
h. Los domingos limpia la casa y descansa.

2 **David, el novio de Natalia, habla de su vida. CORRIGE la información, si es necesario.**

Natalia se levanta a las siete.

Come en casa.

Los domingos pasea por el parque.

Sale del trabajo a las dos y media.

Después de cenar, lee el periódico.

Por las tardes vuelve a la oficina.

Para ayudarte

• Hablar de acciones habituales

A. *¿A qué hora te levantas?*
B. *Me levanto a las...*
A. *¿Qué haces los jueves?*
B. *Voy al gimnasio.*

LEVANTARSE

(Yo)	**me**	levanto
(Tú)	**te**	levantas
(Él/ella/Ud.)	**se**	levanta
(Nosotros/as)	**nos**	levantamos
(Vosotros/as)	**os**	levantáis
(Ellos/ellas/Uds.)	**se**	levantan

RELACIONA para formar las frases de los diálogos.

- ¿A qué hora te levantas?
- ¿Cuándo te duchas?
- ¿Qué desayunas?
- ¿A qué hora entras a trabajar?
- ¿Cuándo sales de trabajo?
- ¿Qué haces los fines de semana?
- ¿A qué hora cenas?

- Después de levantarme.
- Normalmente, un café, un zumo y tostadas.
- A las diez más o menos.
- Voy al cine y ceno con amigos.
- Entre las siete y las siete y cuarto.
- A las nueve en punto.
- Cerca de las siete de la tarde.

 PRACTICA en parejas. Con ayuda de las frases del ejercicio anterior pregunta a tu compañero por su rutina diaria.

A
- Pregunta a B por los hábitos diarios.
- Contesta.

B
- Contesta.
- Pregunta a A por los hábitos del fin de semana.

  ESCUCHA a Jorge, pinchadiscos en una discoteca, que cuenta lo que hace durante la semana y rellena la agenda con los verbos del cuadro.

DESAYUNAR, LIMPIAR (la casa), IR (al gimnasio), ESCUCHAR (discos nuevos), LEER (revistas musicales), TOCAR (la guitarra), HACER LA COMPRA (por teléfono o por Internet)

 PRACTICA en grupos. Cada pareja escoge una de las profesiones de la lista. Una pareja tiene que descubrir la profesión de la otra preguntando por sus hábitos.

Locutora de radio	Dependiente	Policía	Cartero
Enfermera	Piloto de avión	Bombero	Peluquera

C. La familia

1 COMPLETA el cuadro genealógico de Pablo Picasso con las palabras que faltan.

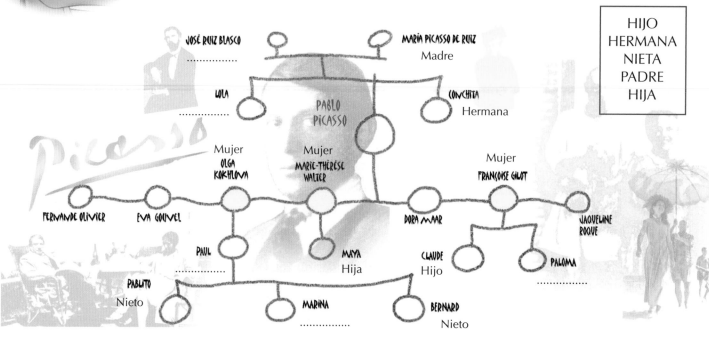

JOSÉ RUIZ BLASCO
....

MARÍA PICASSO DE RUIZ
Madre

LOLA
....

PABLO PICASSO

CONCHITA
Hermana

Mujer
OLGA KOKHLOVA

Mujer
MARIE-THÉRÈSE WALTER

Mujer
FRANÇOISE GILOT

FERNANDE OLIVIER

EVA GOUVEL

DORA MAAR

JAQUELINE ROQUE

PAUL
....

MAYA
Hija

CLAUDE
Hijo

PALOMA
....

PABLITO
Nieto

MARINA
....

BERNARD
Nieto

| HIJO |
| HERMANA |
| NIETA |
| PADRE |
| HIJA |

2 Mira el árbol de arriba y COMPLETA con la información referida a Pablo Picasso.

a. Paloma es la *hermana*. de Claude.
b. Françoise es .... de Pablo Picasso.
c. Maya es la .... de José Ruiz.
d. Concepción es .... de Pablo y Lola.
e. Lola no tiene ....
f. Pablito es el .... de Paul.
g. Olga es la .... de Paul.

3 PRACTICA con tu compañero. Escoge un personaje de la familia de Pablo Picasso y pregunta como en el ejemplo. Tienes que adivinar quién es.

| **A** | • *¿Eres primo de Pablito?* |

| **B** | • *Sí / No.* |

PRONUNCIACIÓN Y ORTOGRAFÍA

1 ESCUCHA y repite estas palabras.

a. derecha b. dirección c. correa d. alrededor e. escribir f. arte g. roto h. Enrique

2 Escucha y SEÑALA qué palabra oyes de cada pareja.

	a.	b.	c.	d.	e.	f.
1.	pero	caro	ahora	cuarto	curte	horno
2.	perro	carro	ahorra	cuatro	cutre	honro

3 Escucha las palabras y ESCRIBE las letras (r, rr) que faltan.

a. ga__a d. a__ena g. e__a
b. __ana e. pa__a h. __a__a
c. pa__a f. al__ededo__ i. ca__o

Amplía tu *vocabulario*

1 RELACIONA los dibujos con el verbo correspondiente.

a. ducharse
b. desayunar
c. comer
d. irse a la cama
e. levantarse
f. cenar
g. entrar a trabajar

 1. ....

 2. ....

 3. ....

 4. ....

5. ....

6. ....

7. ....

2 ¿Y cuándo haces tú cada una de estas actividades cotidianas? ESCRIBE ocho frases en orden cronológico sobre lo que haces todos los días.

Me levanto a las siete y media.

3 ESCRIBE la palabra que falta en cada frase.

a. El padre de mi padre es mi ...*abuelo*.. y yo soy su ....
b. La hermana de mi madre es mi .... y yo soy su ....
c. Los hijos de mis tíos son mis ....
d. La mujer de mi hermano es mi ....
e. Los padres de mi marido son mis ....

PRIMOS
CUÑADA
NIETA
SOBRINA
ABUELO
TÍA
SUEGROS

¡OJO! LÉXICO DE HISPANOAMÉRICA

madre = vieja, mamá
padre = viejo, papá
boda = casamiento (Argentina)

4 COMPLETA con una palabra en cada espacio.

viuda   casado   soltero   marido   mujer   casada   hijos   suegros

a. • Mario, ¿cuándo te casas?
   • ¿Yo?, por ahora no. Estoy mejor ....
b. • ¡Qué chica tan guapa!
   • ¿No la conoces? Es mi cuñada, la .... de mi hermano Fernando.
c. Mi tía Emilia está .... , su marido murió hace dos años.
d. • ¿Juan está ....?
   • No, está soltero, pero quiere casarse pronto.
e. Luz está .... con Esteban y tienen tres ....
f. Blanca y yo comemos un domingo con mis padres y otro con mis ....
g. Te presento a mi cuñado Enrique, el .... de mi hermana Remedios.

Contenidos gramaticales

 Adjetivos posesivos (II)

	Singular			Plural		
	1ª pers.	2ª pers.	3ª pers.	1ª pers.	2ª pers.	3ª pers.
	mi	tu	su	mis	tus	sus

Recuerda:
No tienen género: *mi tío, mi tía.*

1 COMPLETA con *mi, mis, tu, tus, su, sus.*

a. • ¿Y quién es Pepe?
   • Sí, hombre, ...*mi*..... tío Pepe es el hermano pequeño de mi madre.
b. • Anabel ahora vive sola en Madrid, en la calle Luna.
   • Ah, pero ¿............. padres no viven también en esa calle?
c. • Pero dime, Elena, ¿............. hermano está soltero?
   • Está soltero, Carmen, está soltero.
d. • Olga, mira, te presento a .... primos, Alicia y Ángel.
   • Encantada.
e. • Olga nunca invita a nadie a .... casa.
   • No puede. Siempre está en casa de .... novio.
f. • Señor García, ¿todos .... hijos trabajan en la empresa?
   • No, no todos. .... dos hijos pequeños estudian todavía.

 Verbos IRREGULARES en presente: SALIR, VOLVER, EMPEZAR

	SALIR 1ª persona	VOLVER O>UE	EMPEZAR E>IE
(Yo)	sal**g**o	v**ue**lvo	emp**ie**zo
(Tú)	sales	v**ue**lves	emp**ie**zas
(Él/ella/Ud.)	sale	v**ue**lve	emp**ie**za
(Nosotros/as)	salimos	volvemos	empezamos
(Vosotros/as)	salís	volvéis	empezáis
(Ellos/ellas/Uds.)	salen	v**ue**lven	emp**ie**zan

Otros verbos con las mismas irregularidades: hacer (hago);
contar, poder (**o**>**ue**); cerrar, entender (**e**>**ie**).

2 ESCRIBE el verbo en la forma adecuada.

a. ¿Cuándo .....*vuelves*.... (volver/tú) a tu país?
b. Todos los días, de lunes a viernes .... (empezar/yo) a trabajar a las ocho de la mañana.
c. Los martes y jueves, Clara .... (volver) a casa más tarde, porque va al gimnasio.
d. Los lunes, miércoles y viernes .... (salir/yo) de casa a las ocho y media, porque las clases .... (empezar) a las nueve.
e. ¿.................. (salir/vosotros) por la noche todos los fines de semana?
f. ¿Cuándo .... (empezar) el curso?

 74 • setenta y cuatro

Verbos reflexivos: LEVANTARSE, ACOSTARSE, VESTIRSE

	LEVANTARSE		ACOSTARSE		VESTIRSE	
(Yo)	me	levanto	me	acuesto	me	visto
(Tú)	te	levantas	te	acuestas	te	vistes
(Él/ella/Ud.)	se	levanta	se	acuesta	se	viste
(Nosotros/as)	nos	levantamos	nos	acostamos	nos	vestimos
(Vosotros/as)	os	levantáis	os	acostáis	os	vestís
(Ellos/ellas/Uds.)	se	levantan	se	acuestan	se	visten

Los verbos "llamarse", "lavarse", "ducharse", "peinarse" son también verbos reflexivos.
"Acostarse" es un verbo irregular. Tiene la misma irregularidad que **volver**.

3 **ESCRIBE el verbo en la forma adecuada. No olvides el pronombre.**

a. En España, los niños ...*se acuestan*... (acostarse) temprano cuando hay colegio.
b. En vacaciones .... (levantarse/nosotros) a las diez o diez y media.
c. Después de comer, mucha gente .... (acostarse) un rato.
d. ¿A qué hora .... (levantarse/vosotros) todos los días?
e. Los sábados me gusta .... (acostarse/yo) tarde.
f. Después de levantarme, ... (ducharse/yo), después .... (vestirse/yo) y
.... (desayunar/yo), antes de salir de casa.

4 **COMPLETA las preguntas a partir de las respuestas.**

a. • ¿A qué hora *se acuestan* durante la semana?
 • Durante la semana nos acostamos a las doce y media de la noche.
b. • ¿Cuándo .... los domingos?
 • Me levanto a las once de la mañana, más o menos.
c. • ¿Cuándo .... sus hijos, por la mañana o por la noche?
 • Mis hijos pequeños se duchan por la noche, después del colegio.
d. • Perdón, ¿cómo .... usted?
 • Benjamín Arroyo.
e. • Y usted, señora Garrido, ¿cuántas veces .... el pelo?
 • Me corto el pelo una vez al mes.

 Usos de algunas preposiciones: A, DE, EN, CON

A	Expresa el tiempo en el que realiza una acción. *Como a la una y media del mediodía.*
DE	Señala el origen o la procedencia. *Vengo de la universidad.*
EN	Indica el interior de un lugar. *Entra en la panadería de la esquina todos los días.*
CON	Expresa compañía. *Va al cine con una amiga todos los sábados.*

5 **COMPLETA con una preposición (*a, al, de, en, con*).**

Lola se levanta ...*a*... las ocho. Empieza a trabajar .... las nueve. Los días de trabajo come .... un restaurante, cerca .... la oficina, ... una compañera. Cuando sale .... la oficina va al gimnasio. .... las siete vuelve a casa. Antes .... cenar, lee el periódico, ve un rato la televisión, y se acuesta .... las doce.

Actividades

1 Estos son los datos de un estudio acerca de los hábitos diarios de ciudadanos europeos. LEE los resultados y completa las frases.

ENCUESTA EUROPEA

Horarios	Italia	Alemania	Reino Unido	Francia	España
Levantarse	7-7:30	6:30-7:00	6:30-7:30	7:00-8:00	7:00-8:00
Comida	En el norte: 13:00 En el sur: 14:00	13:00-14:00	13:00	13:00	14:00-15:00
Comida en el restaurante	12:00-14:30	13:00-14:00	13:00-13:30	13:00-14:00	14:00-15:00
Cena	19:00-19:30	19:00-20:00	19:00-20:00	20:30-21:00	22:00-22:30
Acostarse	23:00-24:00	23:00	23:00	22:00-23:00	23:30-24:00

Alimentación

Desayuno	Café con leche; galletas o tostadas con mermelada. En los últimos años también cereales con leche y yogur.	Café o cacao; pan con mermelada o miel; queso o salchicha.	Cereales, tostadas, zumos, té o café. (Desayuno inglés: huevos, bacon, salchichas, champiñones).	Café con leche; pan con mantequilla, bollos.	Café con leche; pan con mantequilla, bollos; churros (en cafetería).

a. Los italianos cenan a la misma hora que los .... y ....

b. En Francia, la gente se acuesta cuando los españoles ....

c. En Francia se desayuna, principalmente, café con leche y ....

d. En Alemania la gente desayuna .... o salchichas.

e. Los .... son un típico desayuno español.

2 Completa la tabla con los horarios de tu país. ¿Coinciden con los de la encuesta? ESCRIBE una redacción y resume las diferencias.

3 A partir de los datos del ejercicio 1 prepara las preguntas de un cuestionario. A continuación, en parejas, lleva a cabo la encuesta entre la clase.

- *¿A qué hora os levantáis más o menos en tu país?*
- *En mi país nos levantamos a las siete y media.*

- *Y tú, ¿a qué hora te levantas?*
- *Yo me levanto a las ocho.*

4 Luis de la Fuente entrevista a tres personajes: Laura, José Luis y Elvira. ESCUCHA y marca verdadero (V) o falso (F).

		V	F
a.	Laura está casada.	☐	☐
b.	Tiene un hermano.	☐	☐
c.	José Luis está soltero.	☐	☐
d.	Vive en un apartamento con su hijo.	☐	☐
e.	Elvira tiene cuatro hijos.	☐	☐
f.	Su hija Isabel tiene dos hijos.	☐	☐

Descubriendo

¿Cómo nos casamos?

1 *Antes de leer los textos, contesta verdadero (V) o falso (F).*

	V	F
a. En Bolivia, las bodas duran tres días.	☐	☐
b. En España, la gente se casa muy joven.	☐	☐
c. En España, el novio entra en la iglesia con su madre.	☐	☐
d. En Bolivia, el marido compra el traje a la novia.	☐	☐

2 *Lee este texto y comprueba tus respuestas del ejercicio 1.*

Elena y Antonio tienen 32 años y se casan hoy. Como muchos españoles, se casan un poco más tarde que sus padres, pero siguen la tradición de casarse con vestido blanco y por la iglesia. Este es el día de su boda:

Por la mañana, el padrino va a casa de Elena para acompañarla hasta la iglesia. Antonio sale de su casa acompañado de su madre. Antonio llega a la iglesia pronto y espera a Elena.

Después de la ceremonia, al salir, Antonio y Elena reciben una lluvia de arroz de los invitados, que les desean felicidad y muchos hijos. Se dirigen todos al restaurante y allí comen y bailan hasta la madrugada. Allí, o en los días anteriores a la ceremonia, los novios reciben los regalos de los invitados, generalmente, es un sobre con dinero.

Al día siguiente, Antonio y Elena salen de viaje de luna de miel.

En Bolivia, las bodas duran tres días y se celebran en la casa de los novios o de los padres. Son muy importantes los padrinos, y hay varios: unos para la boda civil, otros para la boda por la iglesia, otros para la celebración. Normalmente los padrinos no son familiares cercanos, sino lejanos, o amigos.

Elva y Reginaldo también se casan hoy. Tienen tres días de celebración. El primer día, paga la invitación la familia de la novia; el segundo, paga la familia de él. El tercer día de la fiesta, los padrinos cuentan los regalos recibidos por los novios. Se levantan temprano para ir al ayuntamiento. Los padrinos y los invitados les acompañan. A la salida, se van a casa de los padres de Elva para celebrar una fiesta con mucha comida y bebida: carne de cerdo, churrasco con chorizo, morcillo, corazón, riñón, la chicha... El traje de Elva y los complementos son regalo de Reginaldo.

3 *Señala si la información corresponde a España o a Bolivia.*

	ESPAÑA	BOLIVIA
a. Las mujeres se casan con vestido blanco y por la iglesia.	___	___
b. La celebración dura tres días.	___	___
c. Los padrinos cuentan los regalos.	___	___
d. El padrino va a buscar a la novia a su casa.	___	___
e. Los invitados toman carne y beben chicha.	___	___
f. Los invitados tiran arroz a los novios.	___	___

Internet

La boda es una ceremonia llena de símbolos muy singulares. Entra en www.edelsa.es (Actividades en la Red) y teclea www.bodas.org. Te planteamos una tarea para conocer el significado de algunos de ellos.

Típicos puestos en el mercado
Mérida. Venezuela

Unidad 7
De compras

Competencias pragmáticas:

- Describir materiales.
- Pedir permiso.
- Preguntar el precio.
- Pedir opinión sobre gustos y responder.
- Expresar preferencias.

Competencias lingüísticas:

Competencia gramatical
- Adjetivos de color. Género y número.
- Presente de indicativo de *saber* y *preferir.*
- Pronombres personales de Complemento Directo: *lo, la, los, las.*
- Verbos con pronombre: *gustar, parecer, quedar* (bien o mal).

Competencia léxica
- Ropa: colores y materiales.
- Cantidades y medidas.
- La lista de la compra: alimentos.

Competencia fonológica
- El sonido /ϑ/ y las letras "c", "z".

Conocimiento sociocultural:

- Lugares para comprar. Mercados y mercadillos.

A. Ir de compras

 Lee y ESCUCHA.
Diego va de compras.

Dependienta:	*Buenos días, ¿puedo ayudarle en algo?*
Diego:	*Sí, gracias. Quería unos pantalones.*
Dependienta:	*¿De qué talla?*
Diego:	*Pues, no sé... la 44 ó 46, creo.*
Dependienta:	*De esas tallas los tenemos grises, azules y negros. ¿Cuáles le gustan?*
Diego:	*Estos azules están bien. ¿Me los puedo probar?*
Dependienta:	*Sí, claro. Allí está el probador.*
	[...]
Dependienta:	*¿Cómo le quedan?*
Diego:	*Me quedan bien. Me los llevo. ¿Qué precio tienen?*
Dependienta:	*Estos están rebajados. Sólo cuestan 58 euros. ¿Cómo va a pagar, en efectivo o con tarjeta de crédito?*
Diego:	*Con tarjeta. Aquí tiene.*
Dependienta:	*Muchas gracias.*

1 **Escucha otra vez y CONTESTA a las preguntas.**

a. ¿Qué quiere comprar Diego?
b. ¿Qué color se prueba?
c. ¿Cuánto cuestan?
d. ¿Cómo paga?

2 **Mira las palabras del recuadro. RELACIONA los dibujos con las palabras.**

a. pantalones
b. vaqueros
c. camisa
d. zapatos
e. calcetines
f. falda
g. jersey
h. abrigo

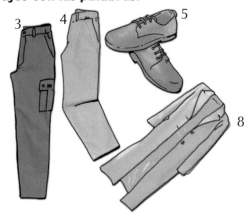

3 **Mira alrededor de la clase. ENCUENTRA prendas de vestir de estos colores.**

naranja	rojo	azul	rosa	marrón

amarillo	negro	verde

P ara ayudarte

- **Comprar en una tienda**

A. *¿Qué desea?*   B. *Quiero... / Quería...*
A. *¿De qué talla?*   B. *De la talla...*
A. *¿De qué color?*   B. *De color rojo / azul / verde / marrón / blanco / negro.*

4 Mira las escenas. COLOCA las frases que faltan en cada situación.

> *¿Qué precio tienen?*   *La talla 52.*   *¿Qué precio tiene?*
> *¿Me los puedo probar?*   *Quería un abrigo negro, por favor.*

*¿En qué puedo
ayudarle?*

a

Son 80 euros.

*Claro. Los probadores
están al fondo.*

b

¿Qué talla desea?

Son 250 euros.

P ara ayudarte

- **Pedir permiso**

A. *¿Me puedo probar esta camisa?*
B. *Sí, claro.*

- **Preguntar el precio**

A. *¿Cuánto cuestan estos pantalones?*
B. *Son 55 euros.*

5 PRACTICA con tu compañero. Representa un diálogo en una tienda de ropa.

A
- Saluda.
- Pide un abrigo.
- Responde.
- Responde.
- Pide otros. Te lo quieres probar.
- Te gusta. Pregunta el precio.

B
- Saluda y pregunta si puedes ayudarle.
- Pregunta la talla.
- Pregunta el color.
- No tienes ese color.
- Responde y señala el probador.
- Responde. Pregunta cómo va a pagar.

B. ¿Cómo me queda?

 Lee y ESCUCHA.
Elvira y Carla están mirando unas faldas.

Elvira:	*Mira estas faldas de cuero, ¡qué bonitas! ¿Te gustan?*
Carla:	*No mucho, me gustan más las faldas vaqueras.*
Elvira:	*¿Y estas?, ¿qué te parece esta negra?*
Carla:	*No está mal, pero prefiero la verde, me parece más moderna. ¿Por qué no te pruebas las dos?*
Elvira:	*¿Puedo probarme estas faldas?*
Dependiente:	*Sí, claro.*
	[...]
Elvira:	*Carla, mira, ¿cómo me queda la negra?*
Carla:	*Un poco ancha, ¿no?*
Elvira:	*¿Y esta azul?*
Carla:	*Esta te queda muy bien, y no es cara.*
Elvira:	*Pues me la llevo.*

1 Escucha la cinta otra vez y CONTESTA verdadero o falso.

	V	F
a. A Elvira no le gustan las faldas de cuero.	☐	☐
b. A Carla le gustan más las faldas vaqueras.	☐	☐
c. Carla prefiere la verde porque es más moderna.	☐	☐
d. Elvira se prueba las dos faldas: la azul y la negra.	☐	☐
e. Elvira no compra la falda.	☐	☐

2 RELACIONA las columnas para construir las frases.

COLUMNA A	COLUMNA B
a • Me gustan mucho los pantalones clásicos.	1 • ¡Qué dices! Son muy caros.
b • Esta camisa es amplia y muy bonita.	2 • No está mal, pero te quedan mejor las cortas.
c • ¿Qué tal me quedan las faldas largas?	3 • Te quedan mejor más pequeños.
d • Estos zapatos son preciosos y muy baratos.	4 • Yo prefiero los modernos, esos no me gustan.
e • A mí me encantan los abrigos grandes.	5 • Sí, pero me gusta más la estrecha.

3 Lee las frases anteriores y ESCRIBE el opuesto de cada palabra.

estrecha

amplia

_____ _____
_____ _____
_____ _____
_____ _____

4 PRACTICA en grupos. Visto y no visto. El juego de la memoria. Un jugador de cada grupo mira a todos los jugadores de otro grupo durante 30 segundos. Después se da la vuelta para no verlos y estos le hacen preguntas sobre la ropa que lleva cada uno.

A	• ¿Qué ropa lleva Max?

B	• Unos pantalones azules y una camisa blanca.

Para ayudarte

• **Pedir opinión sobre gustos**	• **Expresar preferencias**
A. *¿Qué te parece?*	B. *Bien / mal / estupendo / barato / bonito. / No está mal.*
	B. *Prefiero / me gustan más...*
A. *¿Cómo me queda?*	B. *Te queda bien / estrecho / largo / corto / pequeño.*
A. *¿Qué bolso prefieres?*	B. *Me gusta más el (bolso) grande.*

5 PRACTICA en grupos. Eliges a un personaje y describes, sin decir el nombre, su ropa. Tus compañeros tienen que adivinar a quién describes.

Javier Eva Rafael Ruth Elena Juan

6 PREGUNTA a tu compañero. ¿Qué tipo de ropa le gusta llevar en estas situaciones?

- Para ir al trabajo.
- Para hacer deporte.
- Para ir a la universidad.
- Para estar en casa.
- Para ir a una fiesta.
- Para ir a la playa.

C. La lista de la compra

1 RELACIONA los elementos de cada columna.

3 botellas		limones
media docena		aceitunas
1 kilo y medio		vino
1 cuarto	de	macarrones
2 botes		patatas
medio kilo		huevos
2 latas		jamón
1 paquete		

2 Escucha y COMPLETA este pedido.

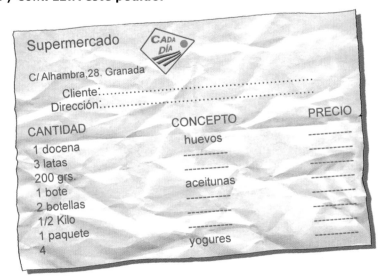

Supermercado
CADA DÍA
C/ Alhambra,28. Granada
Cliente:.....................
Dirección:.....................

CANTIDAD	CONCEPTO	PRECIO
1 docena	huevos	---------
3 latas	---------	---------
200 grs.		---------
1 bote	aceitunas	---------
2 botellas		---------
1/2 Kilo	---------	---------
1 paquete	---------	---------
4	yogures	---------

PRONUNCIACIÓN Y ORTOGRAFÍA

1 Escucha estas palabras y REPITE.

a. **cero** b. **z**apato c. **z**umo
d. **ci**encia e. **z**orro f. **z**ona

/θ/	a	e	i	o	u
	za	ce	ci	zo	zu

2 SEÑALA las palabras con 1 ó 2 según el orden en que las escuchas.

a. cocer ☐ b. caza ☐ c. ocio ☐
   coser ☐   casa ☐   odio ☐

d. zumo ☐ e. buzón ☐
   fumo ☐   bufón ☐

3 Escucha y ESCRIBE las letras que faltan (c o z).

a. __ere__a   b. __eni__ero   c. Cádi__   d. á__ido   e. farma__ia   f. alcan__ar

Amplía tu vocabulario

1 RELACIONA las palabras con los dibujos correspondientes.

a de algodón

b ....

c ....

d ....

e ....

f ....

el bolso h ....

g ....

i de lana

j ....

k liso

m de seda

l ....

la cazadora
el traje
la camiseta
la corbata
de piel
de rayas
de cuadros
de pana

2 CLASIFICA las palabras en la categoría correspondiente.

Prendas de vestir	Material	Diseño

¡OJO! LÉXICO DE HISPANOAMÉRICA

una falda = una pollera (Argentina)
un abrigo = un sobretodo (para hombre, en Argentina)
un tapado (para mujer, en Argentina)
un jersey = un suéter
un bolso = una bolsa (México)

3 RELACIONA las prendas con los materiales.

a • camiseta   1 • de cuero
b • jersey   2 • de seda
c • blusa   3 • de algodón
d • cazadora   4 • de lana

4 COMPLETA con la palabra más adecuada. Cambia el género y el número si es necesario.

elegante
caro
práctico
moderno
cómodo

a. Las blusas de seda son ..... *caras* ....
b. Los trajes oscuros son ....
c. Las corbatas estampadas son ....
d. Los bolsos grandes son ....
e. Las zapatillas deportivas son ....

Contenidos *gramaticales*

 Adjetivos de color. Género y número

Singular		Plural	
masculino	femenino	masculino	femenino
blanco blanca		blancos blancas	
verde		verdes	
azul/gris		azules/grises	
(de color) rosa		(de color) rosa	

A. *Buenos días, quería un bolso.*
B. *Muy bien, ¿de qué color lo quiere?*
A. *Me gusta ese de color marrón.*

1 ESCRIBE el adjetivo en la forma correcta.

a. *El arroz es blanco y la harina es* blanca.
b. La naranja es naranja y el mango es ....
c. El limón es amarillo y la ciruela es ....
d. La fresa es roja y el tomate es ....
e. Las peras son verdes y el aguacate es ....
f. Los huevos son blancos y la leche es ....
g. El café es marrón y las nueces son ....
h. El aceite es amarillo y el maíz es ....

 Verbos IRREGULARES en presente: PREFERIR, SABER

	PREFERIR E > IE	SABER 1ª persona	COSTAR O > UE
(Yo)	prefiero	sé	cuesto
(Tú)	prefieres	sabes	cuestas
(Él/ella/Ud.)	prefiere	sabe	cuesta
(Nosotros/as)	preferimos	sabemos	costamos
(Vosotros/as)	preferís	sabéis	costáis
(Ellos/ellas/Uds.)	prefieren	saben	cuestan

Otros verbos con las mismas irregularidades: tener, querer (**e>ie**); contar (**o>ue**).

2 ESCRIBE el verbo en la forma adecuada.

a. ¿Cuánto ...cuestan.. (costar) estas corbatas?
b. ¿Qué bolso .... (preferir/Ud.), el gris o el negro?
c. ¿Qué precio .... (tener) este jersey?
d. ¿Cuánto .... (costar) esta camisa?
e. .... (preferir/yo) los colores claros.
f. ¿Qué precio .... (tener) estas medias?
g. .... (querer/yo) unas zapatillas deportivas, no muy caras.
h. ¿De qué talla .... (querer/Ud.) los pantalones?
i. No .... (saber/yo) si comprarme un chaquetón de cuero o de piel.

Pronombres personales de Complemento Directo

	Singular	Plural
Masculino	lo	los
Femenino	la	las

3 **COMPLETA los diálogos con *la, lo, los, las.***

a. • Señora, ¿cómo le queda el vestido?
  • Me gusta mucho. Me .... llevo.
b. • Pilar, ¿me quedan bien estos pantalones?
  • Estupendamente, ¿por qué no te .... llevas?
c. • Voy a hacer café, ¿cómo .... tomas?
  • Con leche, por favor.
d. • Me gusta mucho la casa de la calle Príncipe.
  • Entonces, ¿......... vas a alquilar?
e. • Mira este traje gris, ¿te gusta?
  • Sí, es muy elegante, ¿me .... pruebo?
f. • Señora, ¿le quedan bien los zapatos?
  • Sí, sí, me .... llevo.

 Verbos QUEDAR, PARECER, GUSTAR

(A mí)	me	
(A ti)	te	
(A él/ella/Ud.)	le	queda/-n
(A nosotros/as)	nos	parece/-n
(A vosotros/as)	os	gusta/-n
(A ellos/ellas/Uds.)	les	

4 **ORDENA las palabras para formar frases.**

Preferimos / deportiva / la ropa   *Preferimos la ropa deportiva.*

a. de / cuadros / me / nada / no / Las / camisetas / gustan
  ....
b. te / falda / Esta / estrecha / queda
  ....
c. nada / Los / nos / pantalones / de / gustan / pana / no
  ....
d. marido / clásica / la / ropa / Mi / prefiere
  ....
e. de / jerseys / Estos / parecen / rayas / me / bonitos
  ....
f. grande / te / camisa / queda / Esta
  ....
g. blusa / ti / qué / te / esta / parece?/ ¿A
  ....

Actividades

1 **ESCUCHA y contesta. Señala en la tabla quién habla en primer lugar, el dependiente o el cliente.**

	Dependiente	Cliente
a.	....	....
b.	....	....
c.	....	....

2 **Escucha otra vez y COMPLETA con la información.**

	¿Qué pide?	¿Cuánto cuesta?	¿Lo compra?
a.	....	....	....
b.	....	....	....
c.	....	....	....

3 **LEE los dos textos. Encuentra tres errores en el resumen y corrígelos.**

Juan José Rodero es soltero, tiene 32 años y vive en Sevilla. Trabaja en una empresa de Publicidad desde las nueve de la mañana hasta las seis o las siete de la tarde, así que come con unos compañeros en un restaurante cerca de su trabajo. Habitualmente no tiene tiempo de hacer la compra en el mercado pero un día a la semana, el miércoles por la tarde, va a un gran supermercado y compra lo necesario para las cenas y los desayunos: tomates, lechugas, embutidos, fruta, yogures, leche, café, pan de molde, etc. En cuanto a la ropa, zapatos, etc., le gusta ir a los grandes almacenes porque dice que allí encuentra de todo.

Amparo Sánchez está casada, tiene 45 años y vive en A Coruña con su marido y sus dos hijos de 15 y 10 años. Ella es ama de casa y tiene que hacer todos los días la comida para los cuatro. Suele ir al mercado casi todos los días. Le gusta porque conoce a todos los vendedores y como es una buena cliente, la atienden muy bien y compra los productos más frescos. Amparo mira bien lo que compra y sabe los precios de todo. Cuando necesita ropa para ella y su marido también compra en su barrio, en las tiendas cerca de su casa porque no le gustan los grandes almacenes, tan grandes e impersonales.

1. Amparo y Juan José viven en la misma ciudad. Por las mañanas, él va a la oficina y ella trabaja en casa.
2. Juan José compra la ropa en unos grandes almacenes y Amparo también.
3. A los dos les gusta ir al mercado y hacer la compra una vez a la semana.

4 **ESCRIBE las preguntas para saber qué le gusta hacer a tu compañero en su rutina diaria. Formula las preguntas y encuentra a dos personas en la clase con los mismos gustos.**

*D*escubriendo

¿Dónde hacemos la compra?

1 *¿Qué se puede comprar en...*

un mercado?
un mercadillo?

a

2 *Lee el texto y relaciona cada foto con el tipo de establecimiento que se describe.*

b

c

Los españoles que viven en las ciudades tienen muchos lugares para hacer sus compras: en los grandes y modernos centros comerciales están las tiendas de marcas internacionales y también las pequeñas tiendas y boutiques de barrio. Los supermercados permiten comprar todos los productos de alimentación en un mismo lugar. Pero hay un establecimiento especial que tiene el encanto de la tradición: el mercado. En un mismo lugar se reúnen todos los productos frescos, recién llegados del mar o el campo: la carne, el pescado, las frutas y verduras, los embutidos y quesos, agrupados cada uno en un local distinto: los llamados "puestos" (pescadería, frutería, pollería, carnicería...). Además, en estos mercados se respira una atmósfera llena de ruido y color, es decir, de vida.

3 *¿Dónde se compran estos productos?*

a. Merluza
b. Jamón
c. Lechuga
d. Pollo
e. Cordero
f. Peras
g. Sardinas

1. Pescadería
2. Carnicería
3. Frutería
4. Tienda de embutidos
5. Pollería

d

Internet

Desde hace unos años Internet es un instrumento cada vez más extendido para hacer la compra. Entra en www.edelsa.es (Actividades de la Red) y trata de realizar la tarea que te proponemos.

Unidad 8
Invitaciones

Competencias pragmáticas:

- Invitar, proponer o concertar una cita.
- Aceptar o rechazar una cita e insistir.
- Expresar obligación.
- Describir acciones en desarrollo.

Competencias lingüísticas:

Competencia gramatical
- Tener + que + *infinitivo.*
- Estar + *gerundio.*
- Presente de indicativo de *jugar* y *oír.*

Competencia léxica
- Actividades y lugares de ocio.
- Meses del año.

Competencia fonológica
- El sonido /k/ y las letras "c", "qu" y "k".

Conocimiento sociocultural:

- Fiestas tradicionales en España e Hispanoamérica.

A. ¿Quieres...?

Lee y ESCUCHA.
Varias personas formulan invitaciones.

Diálogo 1

Elvira: *¿Quieres tomar un café?*
Carla: *No, gracias. No tomo café.*
Elvira: *¿Y un té?*
Carla: *Bueno, un té sí. Gracias.*

a

b

Diálogo 2

Daniel: *El domingo por la tarde hay partido de fútbol.*
Miguel: *¿Ah, sí?, ¿quién juega?*
Alejandro: *El Real Madrid contra el Barcelona, ¿no?*
Daniel: *Sí. ¿Queréis venir a casa a verlo?*
Miguel: *Vale, muy bien.*
Alejandro: *¡Estupendo!*

Diálogo 3

Fernando: *¿Tomamos algo? Te invito.*
Diego: *Lo siento, no puedo.*
Fernando: *¿Por qué?*
Diego: *Porque tengo prisa. Tengo que ir a casa de unos amigos.*
Fernando: *Venga, hombre. Sólo son diez minutos.*
Diego: *No, de verdad, no puedo. Me están esperando.*

c

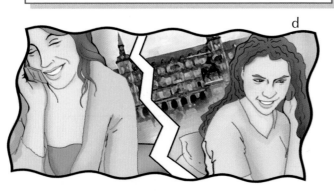
d

Diálogo 4

Natalia: *¿Salimos esta noche?*
Celia: *Bueno, ¿a qué hora quedamos?*
Natalia: *A las nueve en la Plaza Mayor, ¿vale?*
Celia: *De acuerdo. Hasta luego.*

1 Escucha otra vez y **RELACIONA** cada diálogo con su ilustración.

2 CONTESTA a las siguientes preguntas.

a. ¿En qué diálogos se invita a un amigo a casa?
b. ¿En qué diálogos se acepta una invitación?
c. ¿En qué diálogos no se acepta la invitación?
d. ¿En qué diálogos se insiste?

• **Invitar o proponer**

A. *¿Vienes a cenar a casa esta noche?*

A. *¿Vamos al cine esta tarde?*

A. *¿Por qué no pasas el fin de semana con nosotros?*

• **Responder**

B. *De acuerdo.*

B. *Vale.*

B. *¡Perfecto!*

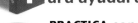

P ara ayudarte

3 PRACTICA con toda la clase. Cada jugador escribe en una tarjeta cuatro cosas que le gustan y cuatro que no le gustan de la lista. Invita a tus compañeros y responde a sus invitaciones según tu tarjeta. Gana el jugador que encuentre a cuatro personas con los mismos gustos.

- Tomar un té
- Ir a una fiesta
- Ir a un partido de fútbol
- Ir a la ópera
- Visitar una exposición
- Ver la televisión
- Leer una novela
- Bailar

Me gusta	No me gusta
Ir a una fiesta	Ir a un partido de fútbol
Ir a la ópera	Visitar una exposición
Ver la televisión	Leer una novela
Bailar	Tomar un té

• **Concertar una cita**

A. *¿Quedamos mañana a las diez?*

A. *¿Nos vemos esta tarde?*

A. *¿Por qué no comes en casa?*

A. *¿Por qué no vamos a cenar fuera?*

• **Rechazar una invitación**

B. *No puedo. Tengo que trabajar.*

B. *Esta tarde imposible, lo siento.*

B. *Es que no tengo tiempo.*

B. *Porque no me apetece mucho.*

P ara ayudarte

4 RELACIONA las preguntas de la columna A con las respuestas de la columna B.

<table>
<tr><th>COLUMNA A</th><th>COLUMNA B</th></tr>
<tr><td>1. ¿Por qué no invitas a tu hermana a la fiesta?</td><td>a. Porque no hay películas nuevas.</td></tr>
<tr><td>2. ¿Por qué no quieres cenar?</td><td>b. Lo siento. Es que tengo mucho trabajo.</td></tr>
<tr><td>3. ¿Por qué no venís al teatro esta tarde?</td><td>c. Imposible. Tenemos que ir al médico.</td></tr>
<tr><td>4. ¿Por qué no vienes este fin de semana al campo?</td><td>d. Es que no tengo hambre.</td></tr>
<tr><td>5. ¿Por qué no vamos al cine esta noche?</td><td>e. Porque tiene que salir con sus amigos.</td></tr>
</table>

5 PRACTICA en parejas. Tu compañero te propone actividades para este fin de semana. Responde según tus planes. Puedes ayudarte de las estructuras del ejercicio 4.

NOTAS

Sábado
14:00 Aperitivo con Jorge
18:30
20:15 Cine con Eva
22.30
Domingo
14:00
19:00 Limpiar la casa

TU COMPAÑERO

NOTAS

TU

Sábado
14:00
17:30 Café con María
20:30 Teatro con Ana
22.30
Domingo
14:00
19:00 Trabajar en casa

B. ¿Qué estás haciendo...?

 Lee y ESCUCHA.
Natalia está con unos amigos en casa.

Natalia:	*¿Sí? ¿Diga?*
Daniel:	*¿Natalia?, ¿me oyes?*
Natalia:	*Sí, sí, te oigo. ¿Qué tal, Daniel?*
Daniel:	*Bien. ¿Y tú?*
Natalia:	*Muy bien. Genial.*
Daniel:	*Mira, te llamo para ver si quieres venir conmigo al cine..., pero... ¿qué estás haciendo?, ¿estás en una fiesta? Oigo mucho ruido.*
Natalia:	*Sí, son unos amigos. Estamos escuchando música...*
Daniel:	*Ah, muy bien.*
Natalia:	*¿Por qué no te vienes un rato? Estamos tomando algo y charlando. ¡Ah! Y Mónica está bailando sin parar.*
Daniel:	*De acuerdo, estoy en tu casa en veinte minutos.*

1  **Escucha otra vez y CONTESTA. ¿Quién dice estas frases, Natalia o Daniel?**

Daniel

a. *Sí, sí, te oigo.*
b. *¿Qué estás haciendo?*
c. *Estamos escuchando música.*
d. *Estamos tomando algo y charlando.*
e. *Estoy en tu casa en veinte minutos.*

Natalia

2 **RELACIONA cada infinitivo con su gerundio.**

a	• Hablar	1	• riéndose
b	• Beber	2	• bebiendo
c	• Bailar	3	• bailando
d	• Leer	4	• leyendo
e	• Comer	5	• comiendo
f	• Reírse	6	• hablando

> • **Describir acciones en desarrollo**
>
> *(Ellos) están bailando.*
> *Natalia está hablando por teléfono.*
> *(Nosotros) estamos comiendo un bocadillo.*

 P ara ayudarte

3 Daniel llega a la fiesta pero no conoce a nadie. ESCUCHA las descripciones de Natalia y escribe el nombre de cada invitado.

Mónica

4 ¿Qué están haciendo Natalia y sus amigos? ESCRIBE frases a partir del dibujo.

1. *David está comiendo un bocadillo.*
2. ....
3. ....
4. ....
5. ....
6. ....

5 PRACTICA con tu compañero. Mira el dibujo por última vez atentamente y memoriza lo que están haciendo los amigos de Natalia. En parejas y por turnos, ¿quién tiene mejor memoria?

A - ¿Qué está haciendo Ainhoa?
- Correcto.

B - Está hablando con Esteban.

C. Meses, años, horóscopos...

¿Cuál es tu signo del zodíaco? Búscalo y ESCRIBE los meses del año que faltan.

Aries	21 Marzo - 20 Abril	**Tauro**	21 Abril - 20 Mayo	**Géminis**	22 Mayo - 21 Junio	**Cáncer**	22 Junio - 23 Julio
Leo	24 Julio - 23 Agosto	**Virgo**	24 Agosto - 23 Septiembre	**Libra**	24 Septiembre - 23 Octubre	**Escorpio**	24 Octubre - 22 Noviembre
Sagitario	23 Noviembre - 21 Diciembre	**Capricornio**	22 Diciembre - 20 Enero	**Acuario**	21 Enero - 19 Febrero	**Piscis**	20 Febrero - 20 Marzo

OCTUBRE, MAYO, JULIO, DICIEMBRE, FEBRERO, AGOSTO

I	Enero	IV	Abril	VII	....	X	....
II	....	V	....	VIII	....	XI	Noviembre
III	Marzo	VI	Junio	IX	Septiembre	XII	....

• Preguntar por el cumpleaños y el horóscopo

A. *¿Cuándo es tu cumpleaños?*   A. *¿Cuál es tu signo del zodíaco?*
B. *Es el 9 de abril.*   B. *Soy Aries.*

Para ayudarte

2 **Escribe el cumpleaños, el signo del zodíaco y la edad. A continuación PREGUNTA a varios compañeros por su cumpleaños, horóscopo y edad.**

Manuel: 14-5-72. *El cumpleaños de Manuel es el catorce de mayo. Es tauro. Tiene... años.*
Arturo: 5-1-69.
Sebastián: 20-7- 40.

PRONUNCIACIÓN Y ORTOGRAFÍA

	a	e	i	o	u
/K/	ca ka	que ke	qui ki	co	cu ku

2 **SEÑALA la palabra que oigas.**

a. ☐ trece ☐ crece   b. ☐ vaca ☐ vaga
c. ☐ lata ☐ laca   d. ☐ quiste ☐ viste

1 **Escucha estas palabras y REPITE.**

a. cosa   b. como   c. aquí
d. pequeño   e. kilogramo   f. Cuba

3 **Escucha y ESCRIBE las letras que faltan (c, qu, k).**

a. _ opa   b. _árate   c. en_ontrar
d. _ilogramo   e. _ _ ien   f. _ _ ios _ o

Amplía tu *vocabulario*

1

¿Dónde puedes realizar las siguientes actividades? Mira las fotografías y COMPLETA las frases.

1 Discoteca
2 Campo
3 Videoclub
4 Restaurante
5 Internet

a. Bailar en una ....
b. Jugar al fútbol en el ....
c. Alquilar (o comprar) una película en el ....
d. Cenar en un ....
e. Navegar por ....

¡OJO! LÉXICO DE HISPANOAMÉRICA

beber = tomar
la comida = el almuerzo
la cena = la comida
la merienda = las once (Chile)

2

RELACIONA los elementos de las dos columnas.

a • Navegar   1 • un bocadillo
b • Dar   2 • música
c • Jugar   3 • por Internet
d • Beber   4 • un paseo
e • Comer   5 • a los videojuegos
f • Dormir   6 • un refresco
g • Leer   7 • la siesta
h • Oír   8 • la tele
i • Ver   9 • el periódico

3

ELIMINA la palabra que no tiene relación con las otras.

a. el cine, la película, el ajedrez, la primera sesión.

b. el fútbol, la discoteca, el baloncesto, el tenis.

c. la entrada, el ajedrez, las damas, las cartas.

d. la música, el concierto, el partido, el disco.

4

COMPLETA las frases con las palabras adecuadas.

la cartelera, el videoclub, una fiesta, un paseo, el campo, el baile

a. Los domingos me gusta dar ...*un paseo*... por el parque.
b. Me gusta ver los partidos de fútbol en ....
c. ¿Por qué no alquilamos una película en .... y la vemos esta tarde?
d. El domingo Ángel da .... en su casa por su cumpleaños.
e. El flamenco, especialmente ...., está de moda en todo el mundo.
f. Mira .... y vamos al cine, ¿te parece?

Contenidos gramaticales

 TENER + que + *Infinitivo*

(Yo)	tengo	
(Tú)	tienes	
(Él/ella/Ud.)	tiene	**+ que + terminar**
(Nosotros/as)	tenemos	
(Vosotros/as)	tenéis	
(Ellos/ellas/Uds.)	tienen	

• Se usa para expresar obligación.
Tienes que comer algo más.

1 CONJUGA el verbo "tener que" y selecciona el infinitivo del recuadro.

cuidarse, dejar, empezar, venir, recoger, levantarse

a. Está tosiendo mucho. ...*Tiene*... que ...*dejar*... de fumar.
b. Si quieres llegar a tiempo, ... que .... en metro.
c. Para llegar al trabajo .... que .... antes.
d. Óscar y Mónica, antes de marcharos .... que .... los platos sucios.
e. No tenemos mucho tiempo. .... que .... la reunión ahora mismo.
f. Está muy enfermo. .... que .... un poco.

 ESTAR + *Gerundio*

(Yo)	estoy	
(Tú)	estás	
(Él/ella/Ud.)	está	
(Nosotros/as)	estamos	**+ estudiando** español.
(Vosotros/as)	estáis	
(Ellos/ellas/Uds.)	están	

• Se usa para expresar acción en desarrollo.
Ana y Eva están viendo la televisión.

 Gerundios regulares

-AR	-ER / -IR
-ando cant**ando** bail**ando**	-iendo beb**iendo** viv**iendo**

 Gerundios irregulares

LEER	DORMIR
le**yendo**	d**u**rmiendo

2 ESCRIBE los gerundios de los siguientes verbos.

a. Leer   *leyendo*
           ....

b. Hacer   ....

c. Empezar   ....

d. Desayunar ....

e. Comprar   ....

f. Jugar   ....

g. Estudiar   ....

h. Escribir   ....

3 COMPLETA los diálogos con los verbos del recuadro.

a. • ¿Qué están haciendo los niños, Carmen?
  • .*Están jugando*. en la piscina.

b. • Nuria, ¿puedes venir un momento?
  • Espera un momento, por favor, ... un correo.

c. • ¿Puedes coger el teléfono?
  • ¿Puedes ir tú? ....

d. • ¿Dónde está Carlos?
  • .... por la puerta en este momento.

e. • ¿Y tus hermanos?
  • Creo que .... en el despacho.

f. • ¿Está Fernando?
  • Lo siento, en este momento no puede ponerse. .... la siesta.

> DUCHARSE
> TRABAJAR
> DORMIR
> SALIR
> JUGAR
> ESCRIBIR

 Presente de indicativo de verbos irregulares: JUGAR, OÍR, CONOCER

	JUGAR U>UE	OÍR*	CONOCER C>ZC
(Yo)	**ju**e**go**	**oigo**	cono**z**co
(Tú)	**ju**e**gas**	**oyes**	conoces
(Él/ella/Ud.)	**ju**e**ga**	**oye**	conoce
(Nosotros/as)	jugamos	oímos	conocemos
(Vosotros/as)	jugáis	oís	conocéis
(Ellos/ellas/Uds.)	**ju**e**gan**	**oyen**	conocen

* El verbo "oír" es completamente irregular.
Otros verbos con las mismas irregularidades: conducir (c>zc)

4 SUBRAYA la forma correcta del verbo.

a. ¿Puede hablar más alto? No oyes / <u>oigo</u> nada.
b. Los sábados, mi marido y yo juegan / jugamos al tenis.
c. ¿Quién jugamos / juega esta tarde contra el Deportivo?
d. ¡Qué música tan bonita! ¿La oyes / oye tú?
e. No conozco / conoco al novio de Carmen.

Actividades

1 ESCUCHA el diálogo y completa la agenda de Juan.

2 LEE la cartelera de espectáculos de Barcelona y contesta verdadero o falso.

Cartelera de Barcelona

TEATROS

- Gran Teatro del Liceo
La Rambla, 51-59. Metro Liceu. *Orfeo y Eurídice* de Cristoph W. Gluck. Tel. 93 485 99 00. Horario: miércoles y jueves a las 20:30; viernes, sábado y domingo a las 19:30 y 22:30. Venta de localidades en El Corte Inglés, Servicaixa y en la taquilla del teatro (93 485 99 00).

- Teatro Grec
Paseo Santa Madrona, 36. Metro Montjuic. 93 301 77 75. *Art* de Yasmina Reza. ¡Gran éxito de crítica y público! Funciones: de martes a sábado, 20:15 horas, domingos, 19:30 horas. Venta de entradas en taquilla del teatro y las 24 horas en Servicaixa.

CINES

- Aribau Multicines
Aribau 8-10. Metro Drásenes. Miércoles, día del espectador, precios reducidos. *Mortadelo y Filemón*, de Javier Fesser, con Benito Pocino y Pepe Viyuela. Un clásico del tebeo llevado a la gran pantalla. Pases: 16:15, 19:15 y 22:00. Venta de entradas: www.cinentradas.com

- Cinesa Maremagnum
Moll España 5-6. Metro Ciudad Vieja. Tel. 93 447 61 12. *Hable con ella*, una película de Pedro Almodóvar, con Javier Cámara. Globo de Oro a la mejor película extranjera y al mejor director. Oscar al mejor guión original. Horario: 18:00, 20:00 y 22:00.

CONCIERTOS

- Palacio de la Música
San Francisco de Paula, 2. 93 295 72 00. Autobús: 45, 89. Concierto de Semana Santa *La Pasión según San Mateo* de J.S. Bach. Orquesta y coros Nacionales Rusos. Martes a domingo a las 19:30 horas.

- Auditorio de Barcelona
Lepanto 150. Tel. 93 247 93 00. Ciclo "Música de cámara". Orquesta de la ciudad de Barcelona. Horario de conciertos: 20:00 horas. (Lunes cerrado.) Obras de Gerhard, Berg y Tchaikovski.

MUSEOS

- Fundación Joan Miró
Av. Miramar, 1. Tel. 93 443 94 70. Abierto de 10:00 a 20:00 horas (julio a septiembre) y 10:00 a 19:30 (octubre a junio). Exposición permanente y exposiciones temporales.

- Museo Picasso
Montcada 15. Tel. 93 319 63 10. Horario: 10:00 a 20:00 y domingos de 10:00 a 15:00. Colección permanente más importante del mundo de las etapas de formación del pintor.

	V	F
1. El **Museo Picasso** cierra los domingos.	☐	☐
2. En **Aribau Multicines**, los miércoles las entradas son más caras.	☐	☐
3. La última sesión del **Cine Maremagnum** es a las once menos cuarto de la noche.	☐	☐
4. En el **Teatro del Liceo** hay dos sesiones los viernes, sábados y domingos.	☐	☐
5. Los conciertos del **Auditorio de Barcelona** pueden escucharse todos los días.	☐	☐

3 EN PAREJAS. Mira la cartelera de espectáculos y queda con varios compañeros para hacer cosas diferentes durante la semana.

A
- Pregunta si B quiere ir al teatro, cine, concierto, etc.
- Responde.

B
- Pregunta a A qué obras, películas, etc.
- Tú prefieres ir al teatro.

4 Tienes que proponer un plan a un amigo. ESCRIBE un mensaje a su móvil para invitarle.

Descubriendo
Fiestas en España e Hispanoamérica

1 ¿Conoces alguna fiesta española o hispanoamericana?

2 Lee los textos y escribe en el pie de foto el nombre de la fiesta.

En todo el mundo hispano, hay fiestas a lo largo del año que mantienen vivas las tradiciones de los pueblos. Las más conocidas en España son Las Fallas, Los Sanfermines, los Carnavales de las Islas Canarias o las Procesiones de Semana Santa.

El 19 de marzo, fiesta de San José, se celebran **Las Fallas** en Valencia. Ese día, a las diez y media de la noche empiezan a arder las "fallas", esculturas de madera y cartón, que representan figuras o personajes famosos. Se llama la "Nit del foc" o noche del fuego. Es una fiesta de purificación: el fuego quema lo viejo para permitir el nacimiento de lo nuevo. **Las Procesiones** son fiestas religiosas. Se celebran en toda España y en Hispanoamérica durante la Semana Santa (o la Pascua). Los pueblos sacan a las calles las esculturas para representar los últimos días de la vida de Jesucristo.

El 7 de julio es el día de **San Fermín**. La fiesta se celebra en Pamplona con encierros (carreras delante de los toros) y mucha alegría.

En Hispanoamérica son muy famosas las fiestas de Inti Raymi y la Danza de los hombres voladores.

Inti Raymi es la fiesta inca del sol y se celebra el 24 de junio en Cusco (Perú). En esta fiesta se recuerda un ritual inca de reconocimiento y agradecimiento al Sol.

En México, se celebra el 4 de octubre la **Danza de los hombres voladores**. Frente a la iglesia del pueblo se coloca un árbol o un palo y varios hombres, atados por los pies al vértice del palo giran alrededor, colgados en el vacío.

5

....

4

....

1

....

2

....

3

....

3 Relaciona las fiestas, las fechas y las ciudades.

- San José
- San Fermín
- Inti Raymi
- Danza de los hombres voladores

- 24 de junio
- 4 de octubre
- 7 de julio
- 19 de marzo

- Cusco
- México
- Valencia
- Pamplona

Internet
Las fiestas conservan vivas buena parte de las tradiciones más antiguas de los países de habla hispana. Entra en www.edelsa.es (Actividades en la Red) y conoce algunas de las fiestas más típicas de Perú.

Unidad 9
Preparar una excursión

Competencias pragmáticas:

- **Expresar intenciones o planes para el futuro.**
- **Proponer planes. Plantear alternativas.**
- **Expresar indiferencia.**
- **Expresar probabilidad, duda o incertidumbre.**
- **Hablar por teléfono.**

Competencias lingüísticas:

Competencia gramatical
- **Ir + a + *infinitivo*.**
- **Colocación de pronombres personales de objeto.**
- **Marcadores temporales (I).**

Competencia léxica
- **Lugares de ocio.**
- **Fórmulas para la conversación telefónica.**

Competencia fonológica
- **La "ñ".**

Conocimiento sociocultural:

- **Lugares y monumentos de interés: Andalucía.**

A. ¿Qué vas a hacer?

Lee y ESCUCHA.
Elvira va a organizar una excursión.

> Elvira: *Oye, ¿qué vas a hacer esta tarde?*
> Carla: *No sé, creo que voy a acostarme pronto y a leer. ¿Y tú? ¿Vas a quedar con Diego?*
> Elvira: *Creo que sí. Voy a llamarlo después. Tengo ganas de ir de excursión al bosque de Chapultepec.*
> Carla: *¡Qué bien!*
> Elvira: *¿Quieres venir?*
> Carla: *Es que estoy un poco cansada...*
> Elvira: *Mujer, anímate, es un paseo muy agradable.*
> Carla: *Bueno, vale.*
> Elvira: *Entonces paso por tu casa ahora, recogemos a Diego y nos vamos a la estación.*

1 Escucha otra vez y CONTESTA verdadero o falso.

	V	F
a. Elvira está cansada.	☐	☐
b. Elvira va a llamar a Diego.	☐	☐
c. Carla dice que va a acostarse pronto.	☐	☐
d. Carla cambia de opinión.	☐	☐

Para ayudarte

• **Expresar intenciones o planes para el futuro**

(Yo)	voy a acostarme
(Tú)	vas a acostarte
(Él/ella/Ud.)	va a acostarse
(Nosotros/as)	vamos a acostarnos
(Vosotros/as)	vais a acostaros
(Ellos/ellas/Uds.)	van a acostarse

• **Marcadores temporales**

- *Ahora*
- *Esta tarde / noche*
- *El fin de semana próximo*
- *El mes que viene*
- *Dentro de dos semanas*

2 ¿Qué crees que va a pasar en la excursión? FORMULA las preguntas y únelas con la respuesta como en el ejemplo.

Cuántas / Ir / personas ⟶ *¿Cuántas personas van a ir de excursión?*   *Tres*

PREGUNTAS
Cómo / Ir / excursión
Cuándo / Llegar / Chapultepec
Cuántas / Ir / personas
Quién / Recoger / Carla
Quién / Llamar / Diego

RESPUESTAS
En tren
Al mediodía
Tres
Elvira
Elvira

3 Mira el dibujo y di qué están haciendo y qué van a hacer las personas que están en la piscina. Usa las expresiones del recuadro.

tomar el sol   leer   oír la radio   ducharse   bañarse
comprar un bocadillo   beber un refresco   comer

La niña va a comprar un bocadillo.

4 ¿Quién va a hacer las siguientes cosas este fin de semana? ESCRIBE frases con las respuestas.

Yo voy a quedar con unos amigos y no voy a cenar en casa.

- Casarse.
- Cenar en un restaurante.
- Hacer la compra.
- Ir al cine.

- Ir a una fiesta.
- Navegar por Internet.
- Escribir unos correos electrónicos.
- Irse de viaje.

5 PREGUNTA a tu compañero cuándo va a hacer las cosas del ejercicio 4. Después, cuenta al resto de la clase qué cosas vais a hacer los dos.

A   • *¿Cuándo vas a ir al cine?*

B   • *Voy a ir esta noche.*

B. ¿Qué prefieres?

Lee y ESCUCHA.
Elvira llama a Diego por teléfono.

Diego:	¿Bueno?
Elvira:	Hola, Diego, soy Elvira.
Diego:	Hola, Elvira, ¿qué tal estás?
Elvira:	Muy bien. ¿Sabes ya qué vas a hacer esta tarde?
Diego:	Pues no sé…
Elvira:	Mira, te llamo porque Carla y yo vamos a ir de excursión a Chapultepec y no sé si quieres venir con nosotras.
Diego:	¿Chapultepec? Mmm… Eso está lleno de gente ahora. Prefiero ir a otra parte… ¿Prefieren el campo o el lago?
Elvira:	No sé, me da igual…
Diego:	Tengo una idea. ¿Por qué no invitamos a mi hermano? Está esperándome en su casa. Vamos a su casa y luego nos vamos a pasear en barca a los canales de Xochimilco, ¿de acuerdo?
Elvira:	Muy bien. Parece interesante.
Diego:	Entonces voy a llamarlo ahora mismo.

1 **ESCUCHA y di a qué personaje se refieren las siguientes frases.**

	Diego	Elvira
a. Va a ir de excursión.		
b. Propone una alternativa.		
c. Va a llamar por teléfono a su hermano.		
d. Va a conocer al hermano de su amigo.		
e. Van a hacer un recorrido por unos canales.		

Para ayudarte

• **Proponer planes**	• **Plantear alternativas**
A. ¿Quieres venir a Chapultepec?	B. ¿Por qué no vamos a Xochimilco?
A. ¿Te vienes a la playa esta tarde?	B. Prefiero quedarme en casa.

• **Expresar indiferencia**
No sé, me da igual.

2 **PRACTICA en parejas. Vas a proponer planes a tu compañero que él tiene que responder.**

A
- Propones hacer algo esta noche.
- Respondes.

B
- Planteas una alternativa.
- Aceptas o rechazas.

- **Colocación de los pronombres personales de objeto y reflexivos**

Mi hermano me va a acompañar. **Pr** (pronombre) **+ V** (verbo conjugado)
Mi hermano va a acompañarme. **V** (verbo -infinitivo, gerundio, imperativo-) **+ Pr** (pronombre)

Para ayudarte

3 **COMPLETA las frases con el pronombre adecuado y en el lugar correspondiente.**

a. • ¿Qué haces esta noche?
   • .... quedo en casa. Estoy agotado.

b. • ¿Quién te recoge en la estación?
   • Mi hermano está esperándo.......... .

c. • ¿Vamos a bañar.......... esta tarde a la playa?
   • ¿No prefieres quedar.......... en casa?

d. • Al final, ¿cuándo vais a casar.......... ?
   • .... casamos el mes de mayo próximo.

e. • Carmen, ¿a qué hora van a acostar.......... los niños?
   • Creo que a las diez.

- **Expresar probabilidad, duda o incertidumbre**

A. *¿Vienes esta noche a la fiesta de Jorge?*   A. *¿Vas a ir a la conferencia del Círculo?*
B. *No sé. Creo que no.*   B. *Sí, creo que sí.*

Para ayudarte

4 **¿Cómo contestarías a estas preguntas? RESPONDE con ayuda de las expresiones del recuadro.**

a. ¿Paraguay tiene costa?
b. ¿La moneda de Venezuela es el peso?
c. ¿Veracruz está en México?
d. ¿Hay estaciones de esquí en España?
e. ¿Argentina está en el hemisferio sur?

Sí, seguro.
Creo que sí.
Creo que no.
No, seguro que no.

5 **PRACTICA en grupos. Prepara tres preguntas parecidas sobre España e Hispanoamérica y las formulas a los otros grupos. La pregunta contestada correctamente es un punto para el equipo.**

C. Suena el teléfono

1 Lee y escucha los diálogos. SEÑALA qué situación se produce en cada uno de ellos.

1. Se ha equivocado.
2. La persona no está.
3. La persona se pone.

A
A. *Televisa, ¿dígame?*
B. *Buenos días. ¿Puedo hablar con el señor Castro, por favor?*
A. *No está en este momento. ¿Quién le llama?*
B. *Soy el señor Sánchez, ¿no sabe cuándo puedo localizarle?*
A. *No, no lo sé. ¿Quiere dejar algún recado?*
B. *No, gracias.*

C
A. *¿Dígame?*
B. *¿Está Ana, por favor?*
A. *No, no. Se ha equivocado.*
B. *¿No es el 948 52 01 72?*
A. *No, este es el 948 53 07 12.*
B. *Perdone.*

B
A. *¿Diga?*
B. *¿Está Fernando?*
A. *Sí, un momento. ¿De parte de quién?*
B. *De Jorge.*
A. *Ahora se pone.*

2 ORDENA el diálogo de una conversación telefónica.

☐ *Entonces llamo más tarde.*
☐ *No, gracias, ¿sabe a qué hora llegará?*
☐ *No, no está, ¿quién la llama?*
☐ *Sí, ¿quieres dejarle algún recado?*
☐ *Soy Esther. ¿Es usted su madre?*
☐ *Un momento, por favor, es que no sé si está.*
☐ *¿Está Blanca?*
☐ *Sobre las dos y media, más o menos.*
☐1☐ *¿Dígame?*

3 PRACTICA en parejas una conversación telefónica.

A
• Eres Juan. Llamas a Arturo.

B
• Eres el hermano de Arturo. No está en casa.

PRONUNCIACIÓN Y ORTOGRAFÍA

1 Escucha y REPITE.

niño   año   español   pequeño   compañero   panameño

2 Escucha y SEÑALA la palabra que oigas.

1. ☐ Hispania ☐ España
2. ☐ Antonia ☐ niña
3. ☐ cana ☐ caña
4. ☐ vano ☐ baño
5. ☐ pena ☐ peña
6. ☐ mano ☐ maño
7. ☐ ceno ☐ ceño
8. ☐ minio ☐ Miño
9. ☐ cuna ☐ cuña
10. ☐ campana ☐ campaña

Amplía tu *vocabulario*

1 Mira las palabras del recuadro. UNE la ilustración con la palabra correspondiente.

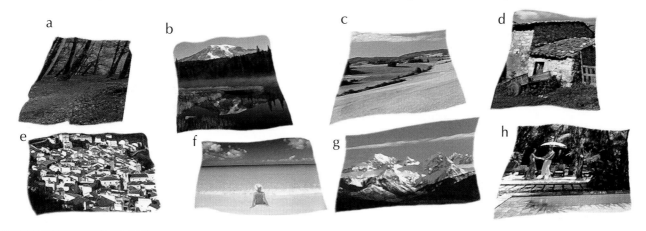

a b c d

e f g h

• el campo • el lago • la playa • el bosque • la piscina • la montaña • la casa de campo • el pueblo

¡OJO! LÉXICO DE HISPANOAMÉRICA

la piscina = la pileta (Argentina)
la alberca (México)
el campo = la milpa (México)

2 RELACIONA el verbo con la palabra correspondiente.

el campo
excursión
la montaña
la playa
viaje
vacaciones

IR DE

IR A

3 COMPLETA con una palabra o expresión del cuadro.

playa, piscina, montaña, excursión, casa de campo

a. • *¿Sabéis ya lo que vais a hacer este verano?*
   • *Sí, este verano vamos a ir a la ....playa........ . Los niños quieren ver el mar.*
b. • *¿Dónde vas ahora? Vamos a comer en un minuto.*
   • *Tengo un calor horrible. Me voy a la .... a bañarme. Vuelvo en seguida.*
c. • *¿Adónde vais este fin de semana?*
   • *No sé, pero creo que a un pueblo de .... , cerca del Pirineo.*
d. • *¿Vais al extranjero como siempre?*
   • *No, este año queremos descansar, vamos a alquilar una .... en Valencia.*
e. • *Este año no tengo vacaciones.*
   • *Bueno, pero no te preocupes. Así puedes disfrutar de la ciudad vacía: puedes hacer alguna .... interesante cerca y pasear.*

Contenidos gramaticales

 Ir + a + *infinitivo*

(Yo)	voy			
(Tú)	vas			
(Él/ella/Ud.)	va	a	+	comprar
(Nosotros/as)	vamos			
(Vosotros/as)	vais			
(Ellos/ellas/Uds.)	van			

• Expresa la intención de realizar una acción en un futuro inmediato.
Voy a comprar un coche el próximo mes.

1 **ESCRIBE frases como en el ejemplo.**

Silvia / tomar el sol - su amigo / comprar un bocadillo.
Silvia está tomando el sol y su amigo va a comprar un bocadillo.

a. tú / hablar por teléfono – yo / hablar más tarde
....
b. los niños / jugar – nosotros / hacer la comida
....
c. Sara / leer el periódico – Gabriel / dar un paseo
....
d. tú / trabajar – yo / trabajar también
....
e. José María / hacer la comida – tú / recoger la mesa
....

Colocación de los pronombres personales de complemento y reflexivos

Sujeto	Pronombres personales	
	Complemento Directo	Reflexivo
(Yo)	me	me
(Tú)	te	te
(Él/ella/Ud.)	lo / le – la	se
(Nosotros/as)	nos	nos
(Vosotros/as)	os	os
(Ellos/as/Uds.)	los / les – las	se

• Los pronombres personales de objeto van antes del verbo cuando este tiene forma personal (yo, tú, él/ella/usted, nosotros/as, vosotros/as, ellos/as/ustedes).
  • *¡Ya tengo el coche nuevo!*
  • *Sí, lo he visto en la calle.*   **Pr + V**

• Los pronombres personales de objeto van detrás del verbo cuando va en imperativo, infinitivo o gerundio.

- *Date prisa. Llegamos tarde.*
- *Sí, ya voy.*

- *¿Has terminado los ejercicios?*
- *No, estoy terminándolos.*

V + Pr

También se puede decir:
- *¿Has terminado los ejercicios?*
- *No, los estoy terminando.*

2 COLOCA el pronombre adecuado: *te, lo, me, nos, la,* y *os.*

a. • ¿Tienes el último disco de Luz Casal?
   • Sí, aquí ...... tengo. ¿Quieres oír......?
b. • ¿No conoces a Lucía? Ahora mismo te ...... presento.
c. • Jesús, ¿y el periódico?
   • Espera un momento, estoy terminándo...... .
d. • Vamos a bañar......, hace mucho calor.
   • Yo, antes de bañar......, quiero tomar un refresco.
e. • Niños, ¿por qué no vais a lavar...... las manos? Vamos a comer.
   • Sí, mamá, ahora vamos.
f. • Julia, levánta...... ya. ¡Son las once de la mañana!
   • Primero tengo que pensar qué ropa voy a poner...... .

 Marcadores temporales

Presente	Futuro
Ahora	Luego / Esta tarde / Esta noche
Esta semana	La semana próxima / La semana que viene
Este mes	El mes próximo / El mes que viene
	Dentro de dos meses / tres semanas, etc.

Ahora estoy tomando el sol.
Luego voy a bañarme.

3 COMPLETA con una de las palabras o expresiones del cuadro.

ahora	esta noche	mañana	la semana que viene	esta tarde

a. • ¿Qué haces hoy?
   • Pues voy a ir al cine .... con mis amigos, a eso de las ocho, creo.
b. • Entonces, ¿cuándo empiezas en el nuevo trabajo?
   • Empiezo a trabajar ....
c. • Ángela, ¿puedes venir?
   • Sí, ... mismo voy.
d. • ¿Tomamos algo después del trabajo?
   • Lo siento, no puedo. .... vienen a cenar unos amigos a casa.
e. • .... voy a levantarme más temprano.
   • ¿Qué ocurre? ¿Has llegado otra vez tarde al trabajo?

Actividades

1 LEE el programa del viaje y completa la tabla con la información adecuada.

Jueves, 31 - 7.
Lunes, 5 - 8.
Barcelona – Guatemala
Facturación directa de equipajes a Guatemala. A las 9:50 salida en vuelo regular con destino Madrid y conexión con el vuelo de IBERIA con destino Guatemala.
Llegada al aeropuerto internacional La Aurora de la Ciudad de Guatemala a las 17:55. Estancia en la ciudad de cuatro días en el Hotel Medina.

Viernes, 1 - 8.
Miércoles, 13 - 8.
Antigua
Visita por la ciudad de Antigua Guatemala, joya de la arquitectura colonial. El recorrido a pie permite conocer la belleza de esta ciudad, la primera planificada del Nuevo Mundo y declarada Patrimonio de la Humanidad por la UNESCO. De los muchos monumentos de Antigua destaca la bella Plaza de las Armas, donde se encuentra el Palacio Episcopal, la Catedral y el Ayuntamiento. Por sus calles hay edificios como son la Casa Pepone, el Convento de las Capuchinas, la Iglesia y Monasterio de La Merced o la Universidad de San Carlos, actualmente convertido en el Museo Colonial. Estancia: Hotel Antigua.

Lunes, 2 - 8.
Viernes, 8 - 8.
Antigua – Iximché – Chichicastenango
Viaje en autocar hacia Iximché, antigua capital de los mayas cakchiquel (siglo XV). Ruta de gran belleza por el altiplano indígena en las montañas de Quiché, hasta llegar a Chichicastenango, población rodeada por valles y majestuosas montañas y centro comercial para los indígenas del altiplano occidental. Allí, tarde libre para pasear y descubrir esta maravillosa ciudad. Dormimos: Pensión Ixi.

Salida / Destino	Medio de transporte	Alojamiento	Excursiones

2 ESCUCHA las indicaciones del guía que prepara una ruta por las ruinas mayas de Guatemala y rellena los huecos con las palabras del recuadro.

allí	agosto	montañas	capital	pasear

El lunes 2 de .... viajamos en autocar hacia Iximché, antigua .... de los mayas cakchiquel (siglo XV). Es una ruta de gran belleza por el altiplano indígena en las .... de Quiché, hasta llegar a Chichicastenango, población rodeada por valles y majestuosas montañas y centro comercial para los indígenas del altiplano occidental. .... tenemos la tarde libre para .... y descubrir esta maravillosa ciudad.

3 PRACTICA en grupos. Elige una ruta por tu propio país y preséntala al resto de compañeros.

* ADÓNDE ir   * CÓMO llegar   * DÓNDE dormir   * POR QUÉ se elige ese lugar
* Otros detalles

*D*escubriendo
UNIDAD 9

Una forma de viajar por Andalucía

1 *Con tus compañeros, elabora una lista de ciudades y monumentos andaluces muy famosos.*

2 *Lee el texto y con ayuda del mapa señala verdadero o falso.*

Andalucía es la Comunidad Autónoma más extensa de España y una de las más visitadas, tanto por los españoles como por los turistas extranjeros. Hay tantas cosas que ver en Andalucía que es difícil seleccionar las más interesantes...

Entre las rutas más destacadas está la de los "pueblos blancos". En ella, el viajero puede visitar pequeñas y medianas poblaciones en las provincias de Cádiz y Málaga (Sierra de Grazalema y Serranía de Ronda), y disfrutar por el camino de un paisaje precioso y muy variado. Los pueblos blancos deben su nombre a la costumbre de sus habitantes de pintar de blanco el exterior de las casas. Se caracterizan por sus calles estrechas y sus tejados rojos. Muchos de estos pueblos conservan un castillo o restos de un castillo.

Al este de Almería se encuentra el Parque Natural Cabo de Gata-Níjar, con sus bonitas y tranquilas playas, que termina cerca de Mojácar. El interior de Almería sorprende por la mezcla entre montaña y desierto. En el camino a Granada, se puede elegir entre cruzar las Alpujarras o seguir por una ruta al norte de Sierra Nevada.

Otra excursión interesante es la llamada "Ruta del Califato". Se trata de un recorrido entre Córdoba, antigua capital del Imperio musulmán en el siglo X, y Granada. Allí encontramos muchos restos del esplendor árabe como la Mezquita y las ruinas de Medina Azahara en Córdoba o la Alhambra en Granada.

	V	F
a. Mojácar está al sur de la provincia de Cádiz.	☐	☐
b. Sierra Nevada es una zona montañosa de Granada.	☐	☐
c. La Sierra de Grazalema está en Granada.	☐	☐
d. La ruta de los "pueblos blancos" transcurre entre Granada y Cádiz.	☐	☐
e. La ruta del Califato tiene más de 800 años de existencia.	☐	☐

3 *Señala en el mapa el recorrido del viaje propuesto en el texto.*

Internet
La Red es una buena solución para organizar un viaje o para conocer los destinos turísticos de una ciudad o de cualquier región. Entra en www.edelsa.es (Actividades en la Red) y prepara un viaje a Santiago de Chile.

Unidad 10
¿Qué has hecho?

Competencias pragmáticas:

- **Hablar de hechos pasados (I).**
- **Preguntar por la causa y justificarse.**
- **Aceptar excusas.**
- **Hablar de un pasado reciente.**

Competencias lingüísticas:

Competencia gramatical
- **Pretérito perfecto compuesto.**
- **Participios.**
- **Marcadores temporales (II).**
- **Pretérito Indefinido (1ª pers.) de *estar, ir*.**

Competencia léxica
- **Expresiones de sorpresa, decepción y aburrimiento.**
- **Accidentes geográficos.**

Competencia fonológica
- **La entonación exclamativa e interrogativa.**

Conocimiento sociocultural:

- **Pintura española e hispanoamericana.**

A. Excusas

 Lee y ESCUCHA.
Varias personas tienen que justificarse.

Mónica: *Sandra, ¿qué te ha pasado, por qué no has venido a clase hoy?*
Sandra: *Es que he estado en el médico. ¿Ha venido hoy la profesora nueva?*
Mónica: *Sí. Es muy simpática. Creo que es una profesora muy buena.*

Miguel: *¡Alejandro, son las cinco y media! ¿Por qué has llegado tan tarde?*
Alejandro: *Lo siento, es que he perdido el autobús.*
Miguel: *Bueno, está bien, pero date prisa, nos espera el director. ¿Has traído el contrato?*

Natalia: *Hola, cariño, ¿dónde has estado? Es muy tarde.*
David: *Me he encontrado con Miguel y hemos tomado algo en la cafetería de la esquina. Me ha contado que ha firmado un contrato muy importante.*
Natalia: *¡Vaya, qué bien! Por cierto, ¿me has comprado el libro?*
David: *¡Lo siento! No me he acordado.*
Natalia: *Bueno, no importa.*

1 **Escucha y SEÑALA a quién se refiere cada una de las siguientes afirmaciones.**

a. Ha estado en el médico.
b. Ha llegado tarde al trabajo.
c. Ha firmado un contrato muy importante.
d. Ha tomado algo con un amigo.
e. No ha comprado el libro.

<table>
<tr><td colspan="2">

• Preguntar por la causa y justificarse
A. *¿Por qué has llegado tarde?*
B. *Lo siento, es que he perdido el autobús.*

• Aceptar excusas
Bueno..., no pasa nada.
Está bien. No te preocupes.
No importa.

</td></tr>
</table>

• Hablar de un pasado reciente

(Yo)	he	llegado
(Tú)	has	llegado
(Él/ella/Ud.)	ha	llegado
(Nosotros/as)	hemos	llegado
(Vosotros/as)	habéis	llegado
(Ellos/ellas/Uds.)	han	llegado

P ara ayudarte

2 ¿Qué dirías en estos casos? ESCRIBE las excusas para cada una de las siguientes situaciones.

a. Has llegado tarde a una cita.
b. Has olvidado el regalo de cumpleaños de una amiga.
c. Has comprado una camisa equivocada.
d. No has terminado el trabajo en la fecha fijada.
e. No has ido a la consulta del dentista.

> ...no (poder)
> ...(dejar) en taxi
> ...(equivocar) de tienda
> ...no (tener) tiempo.
> ...(olvidar) la cita

3 PRACTICA en parejas. Añade casos a las situaciones del ejercicio anterior y pregunta a tu compañero. Tiene que escoger la justificación más adecuada y responder.

A
• *¿Por qué has llegado tarde?*
• *Está bien.*

B
• *Es que he perdido el tren.*

4 RELACIONA los verbos con su participio.

a • JUGAR	1 • llevado
b • HABLAR	2 • hecho
c • LLEVAR	3 • leído
d • LEER	4 • jugado
e • HACER	5 • ido
f • IR	6 • hablado

5 Mira los dibujos. ¿Qué ha hecho hoy David? ESCRIBE tus respuestas.

David ha leído el periódico.

a  b  c  d  e  f

6 PRACTICA en parejas. Pregunta a tu compañero por sus costumbres de hoy o de esta semana.

A
• *¿Has comprado el periódico hoy?*
• *No, no he jugado.*

B
• *Sí, esta mañana.*
• *¿Has jugado al tenis hoy/esta semana?*

B. ¿Dónde has estado este verano?

 Lee y ESCUCHA.
Miguel habla con Marisa, una compañera de trabajo.

Miguel:	*Oye, Marisa, ¿qué has hecho este verano?*
Marisa:	*Pues he estado en Egipto en un viaje organizado. Me lo he pasado muy bien, la verdad. ¿Y tú? ¿Has estado en Egipto alguna vez?*
Miguel:	*Sí, estuve allí hace unos cinco años. Fui con unos compañeros de trabajo.*
Marisa:	*Y tus vacaciones, ¿qué tal? ¿Qué has hecho este verano?*
Miguel:	*Pues yo he estado en España. En julio fui quince días a la playa y en agosto estuve una semana en una casa rural en el Pirineo.*

1 **Escucha y CORRIGE la información incorrecta.**

a. Marisa ha viajado a Egipto sola.
b. Miguel estuvo allí hace cuatro años.
c. Miguel no ha salido al extranjero este año.

d. Marisa se lo ha pasado muy bien.
e. Marisa fue con su familia.
f. Han estado en la playa y en la montaña.

Para ayudarte

• Hablar de hechos pasados Pretérito perfecto		• Hablar de hechos pasados Pretérito indefinido	
Hoy		Ayer	
Este verano	he visto	El verano pasado	estuve
mes	he estado	El mes pasado	fui
año	he hecho	El año pasado	
...			

2 **Antes de ir a Egipto, Marisa escribe una lista con cosas que quiere hacer. Lee la lista. A continuación, ESCUCHA la conversación de Marisa con una amiga y señala las cosas que ya ha hecho.**

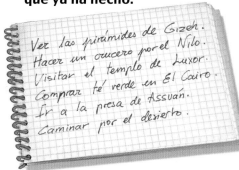

Ver las pirámides de Gizeh.
Hacer un crucero por el Nilo.
Visitar el templo de Luxor.
Comprar té verde en El Cairo.
Ir a la presa de Assuán.
Caminar por el desierto.

COMPLETA las frases con la información correcta.

1. La semana pasada .... a la presa de Assuán.
2. Esta semana .... un crucero por el Nilo.
3. Esta mañana .... las pirámides de Gizeh.
4. Por la tarde .... té verde en El Cairo.
5. ¡Ha sido increíble! Esta noche .... por el desierto.

PRACTICA en parejas. Con ayuda de las fotografías pregunta a tu compañero como en el ejemplo.

A
• *¿Has estado alguna vez en Londres?*
• *Estuve una vez hace tres años.*

B
• *No, no he estado nunca.*
• *¿Y tú?*

a    b    c    d

¡Adiós a las vacaciones! Es el último día de vacaciones para David y Natalia. Tienen que recogerlo todo en su apartamento de la playa. **MIRA el dibujo A y di lo que tienen que hacer. Utiliza los verbos del recuadro.**

> APAGAR la luz   FREGAR los platos   RECOGER la basura   ORDENAR el armario
> BARRER el suelo   LIMPIAR los azulejos   CERRAR la nevera

Ha pasado una hora. OBSERVA lo que han hecho y lo que todavía no han hecho. Escribe frases como en el ejemplo.

David y Natalia todavía no han barrido el suelo.

C. ¡Qué me dices!

1 Mira las ilustraciones y **CLASIFICA** las expresiones en la categoría correspondiente.

a

b

c

d

- *Tengo que trabajar todo el fin de semana.*
- *¡Qué rollo!*

- *Elena ya no se va a casar el sábado.*
- *¡No me digas!*

- *No encuentro las llaves. ¡Ah! están aquí, ¡qué bien!*

- *Por un número no me ha tocado la lotería.*
- *¡Qué mala suerte!*

Sorpresa	Decepción	Aburrimiento

2 ¿Cómo reaccionas en cada una de estas situaciones? **UTILIZA** las expresiones del ejercicio anterior.

a. Estamos muy contentos, vamos a tener nuestro primer hijo.   *¡No me digas!*

b. El coche que compré el mes pasado ya se ha estropeado tres veces.

c. ¡Otra vez fútbol en la tele!

d. Voy a hacer un crucero por el Caribe, me voy el lunes.

e. Creí que había perdido la cartera pero está aquí.

f. He dejado a mi novia, ya no me caso.

3 **PRACTICA** en grupos de tres. Cada uno dice una frase y los compañeros reaccionan, como en los ejemplos anteriores.

PRONUNCIACIÓN Y ORTOGRAFÍA

1 **ESCUCHA** y escribe los signos de puntuación para cada frase (interrogativa o exclamativa).

Qué bien
Estupendo
Te gusta el cine de Almodóvar
Qué interesante
Qué película tan bonita
Eres Capricornio
Sabes que Miguel tiene 40 años

2 Escucha y **SEÑALA** cuáles son las frases exclamativas y cuáles las interrogativas.

	1	2	3	4	5
exclamativas					
interrogativas					

Amplía tu *vocabulario*

1 RELACIONA las palabras con el dibujo correspondiente.

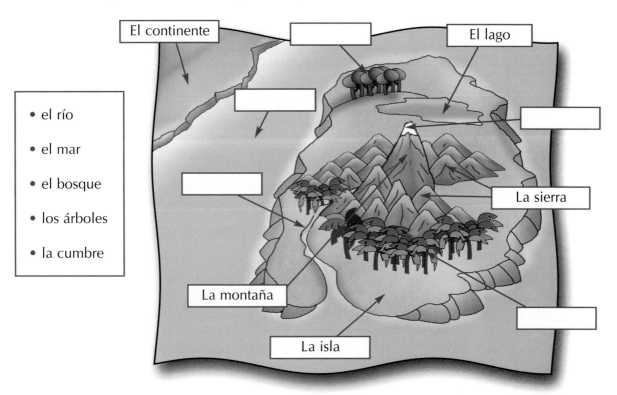

El continente

El lago

La sierra

La montaña

La isla

- el río
- el mar
- el bosque
- los árboles
- la cumbre

2 CLASIFICA las palabras anteriores en la categoría correspondiente.

TIERRA

AGUA

3 COMPLETA con una de las palabras del cuadro.

península, continente, selva, sierra, isla, paisaje, océano, cumbres.

a. Cuando viajamos por carretera nos gusta pararnos para mirar el ...*paisaje*... .
b. Para ir al continente americano desde el .... europeo, hay que cruzar el .... Atlántico.
c. España y Portugal forman la .... Ibérica.
d. Desde nuestra casa de campo se ve, a lo lejos, la ...., con las .... de las montañas nevadas todo el año.
e. En la .... hay animales salvajes.
f. ¿Te gustaría vivir en una .... en medio del mar?

Contenidos gramaticales

 Pretérito perfecto de verbos regulares

		COMPRAR	COMER	VIVIR
(Yo)	he	comprado	comido	vivido
(Tú)	has	comprado	comido	vivido
(Él/ella/Ud.)	ha	comprado	comido	vivido
(Nosotros/as)	hemos	comprado	comido	vivido
(Vosotros/as)	habéis	comprado	comido	vivido
(Ellos/ellas/Uds.)	han	comprado	comido	vivido

1 ESCRIBE el verbo en Pretérito perfecto.

a. Esta mañana _me he levantado_ (levantarse/yo) tarde y .... (ir) a la oficina en taxi.

b. Mañana nos vamos de viaje y ya .... (preparar/nosotros) todas las cosas que nos llevamos.

c. Andrea .... (viajar) mucho y .... (vivir) en países muy diferentes.

d. Esta tarde .... (estar/nosotros) en el auditorio, y .... (escuchar) un concierto muy bueno, nos .... (encantar).

e. Los vecinos de mi barrio .... (enviar) una carta al periódico para protestar por el ruido.

 Participios regulares e irregulares

-AR	-ER / -IR
-ado	-ido
comprado	tenido
trabajado	partido

2 RELACIONA los participios con el infinitivo correspondiente.

a	• Viajado	1	• Romper
b	• Abierto	2	• Decir
c	• Dicho	3	• Ver
d	• Escrito	4	• Beber
e	• Bebido	5	• Hacer
f	• Recibido	6	• Viajar
g	• Comprado	7	• Volver
h	• Conocido	8	• Abrir
i	• Hecho	9	• Recibir
j	• Puesto	10	• Conocer
k	• Roto	11	• Comprar
l	• Visto	12	• Poner
m	• Vuelto	13	• Escribir

3 CLASIFICA los participios del ejercicio anterior en la columna correspondiente.

Participios regulares	Participios irregulares
viajado	

4 COMPLETA con Pretérito perfecto o Pretérito indefinido (IR / ESTAR).

a. No sé dónde ...*he puesto*.... (poner/yo) el bolso.

b. • ¿Sabes si .... (volver) Elena de Italia?
   • Todavía no.

c. • ¡Qué bien huele! ¿Qué .... (hacer/tú)?
   • He hecho unas lentejas buenísimas.

d. • ¿.................. (ver/tú) mi reloj? No sé donde lo .... (poner/yo).
   • Lo .... (dejar/yo) esta mañana en la mesa de la cocina.

e. • Hola, ¿qué tal?, ¿qué es de tu vida?
   • .... (estar/yo) dos meses fuera. En enero, ... (ir) a París por cuestiones de trabajo, y en febrero .... (estar) en Berlín, pero ¿y tú?, ¿qué tal? Tienes mala cara.
   • Yo .... (pasar) unos días muy malos. La última semana de enero .... (ir/yo) a la sierra, me enfrié, y resultó ser una pulmonía, ... (estar) desde el 1 de febrero hasta el 15 en el hospital, ahora ya estoy mejor, pero cuéntame de tus viajes...

m Marcadores temporales

Hoy		
Esta	mañana	
	tarde	*he escrito dos correos.*
	noche	
	semana	
Este	mes	*hemos estado en Chile.*
	año	

• *¿Has estado alguna vez en China?*
• *No, no he estado nunca.*

• *¿Has tenido tiempo de ir al banco, Carlos?*
• *Sí, he estado esta mañana.*

5 COMPLETA con las expresiones de tiempo adecuadas.

alguna vez	una vez	varias veces	nunca	ya	todavía no

a. • ¿Has hecho .... la cena?
   • No, ..., no he tenido tiempo.

b. • ¿Os habéis subido .... en un helicóptero?
   • No, ..., ¡qué miedo!

c. • ¿Has visto .... la última película de Fernando León?
   • Sí, ... la he visto, es muy buena, ¿verdad?

d. • ¿Has perdido .... la cartera?
   • Sí, ..., ¡esta mañana!

e. • ¿Habéis estado .... en América?
   • Sí, ..., conocemos Chile, Argentina y Uruguay.

f. • ¿Has leído .... el periódico de hoy?
   • No, ... ¿Dice algo nuevo?

g. • ¿Has comido .... en un restaurante japonés?
   • No, ... , en mi pueblo solo hay restaurantes chinos.

Actividades

1 LEE el artículo sobre el ocio de los españoles y completa las estadísticas.

Mucho cine y poco teatro

Lunes, 25 de enero
Madrid, *EFE*
La Sociedad General de Autores y Editores (SGAE) ha presentado su informe anual sobre los hábitos culturales de los españoles durante este último año. La principal conclusión es que las mujeres han sido las mayores consumidoras de productos culturales.

Estos son los datos: según los resultados, la mitad de los españoles no ha leído un libro este año, sólo uno de cada cuatro ha ido al teatro y el 30% lee el periódico todos los días. La asistencia a las salas cinematográficas en España durante este último año ha sido de 2,85 veces al año, mayor que el último año. La media europea es de 2,18.

El cine americano ha sido el más visto (320 películas estrenadas frente a las 60 ó 70 españolas) aunque el cine propio poco a poco despierta mayor interés entre el público español.

El 92,3% de los españoles jamás asiste a un concierto de música clásica, únicamente el 2% ve un espectáculo de danza y el 1,8% va a la ópera. Como media nacional se compran discos 1,3 veces al año. Los menores de 25 años prefieren el pop-rock, los mayores de 65 prefieren el flamenco y la música española y a las personas entre 25 y 55 años les gustan las baladas, la canción latinoamericana y en menor medida el *jazz*, la música étnica y el *new age*.

Fuente: SGAE

Lectura

Leen el periódico al día — **50%** — Leen un libro al año

Cine

Asistencia a salas de cine — **2,18** Media europea

Música

Asistencia a conciertos

Asistencia a la ópera — **1,8%**

2 ESCRIBE cuatro o cinco preguntas más para completar el cuestionario según el modelo. A continuación, formula las preguntas a varios compañeros de clase.

CUESTIONARIO

	SÍ	NO
1. ¿Has visitado algún museo este mes? ¿Cuál? ¿Te ha gustado?	☐	☐
2. ¿Has comprado algún libro últimamente? ¿Cuál? ¿Te ha gustado?	☐	☐
3. ¿Has colaborado alguna vez con una ONG? ¿Qué has hecho?	☐	☐
4. ¿Has ido al teatro recientemente? ¿Qué has visto? ¿Te ha gustado?	☐	☐

3 ESCUCHA la encuesta que han realizado en la calle y contesta verdadero o falso.

	V	F
a. No ha ido nunca a la ópera.	☐	☐
b. Ha ido al cine cuatro veces en un mes.	☐	☐
c. Este mes no ha ido a ningún concierto.	☐	☐
d. Ha comprado el periódico todos los días.	☐	☐

Descubriendo UNIDAD 10

Pintura española e hispanoamericana

1 Relaciona los títulos de estas obras con sus autores y completa la fecha en que se pintaron los cuadros. Piensa en los siglos.

1. *El pueblo toma las armas*, 1__25
2. *Las Meninas*, 1__56
3. *Las dos Fridas*, 1__40
4. *El 3 de mayo de 1808 en Madrid*, 1__14
5. *El pintor y la modelo*, 1__63

a) Frida Kahlo
b) Diego Velázquez
c) Francisco de Goya
d) Pablo Picasso
e) David Alfaro Siqueiros

2 Lee las siguientes descripciones y relaciónalas con el cuadro correspondiente.

a

b

c

d

e

1. Es un doble autorretrato. Hay dos mujeres con los corazones conectados. La figura de la izquierda es la "Victoria" y la figura de la derecha es la "Mexicana".

2. Se ve a varios campesinos. A la derecha, hay una mujer con un pañuelo rojo en la cabeza.

3. Una mujer está en la parte central del grupo. En la izquierda se sitúa la figura del pintor con sus instrumentos de trabajo. Al fondo hay un espejo en el que aparecen reflejados un hombre y una mujer.

4. Imagen nocturna de una ciudad. La parte central del cuadro la ocupan unas figuras que expresan el horror.

5. Es el interior de un estudio de pintura. El pintor a un lado y la modelo a la derecha de la imagen. El cuadro representa la vida cotidiana del artista.

3 Concurso de pintura. La clase puede actuar como un jurado artístico. Primero anota tus opciones. Luego en la pizarra se hace la votación. Anota el resultado aquí.

	YO	LA CLASE
Cuadro que gusta más	....	....
Cuadro que gusta menos	....	....

Internet

Muchos museos disponen de páginas *web* en las que se reproduce la obra de importantes pintores españoles e hispanoamericanos. Entra en www.edelsa.es (Actividades en la Red) y realiza las tareas sobre Fernando Botero y Frida Kahlo.

Unidad 11
Cuéntame qué pasó...

Competencias pragmáticas:

- Hablar de hechos pasados (II).
- Expresar una cantidad indeterminada o inexistente.
- Interesarse por el estado de alguien.
- Describir estados de ánimo.
- Describir circunstancias o cualidades temporales de objetos.

Competencias lingüísticas:

Competencia gramatical
- Pretérito indefinido de verbos regulares.
- Pretérito indefinido de *estar, ir, ver, tener, hacer.*
- Pronombres y adjetivos indefinidos.
- Marcadores temporales (III).

Competencia léxica
- Estados de ánimo.

Competencia fonológica
- Acentuación de las formas verbales.

Conocimiento sociocultural:

- Música hispanoamericana.

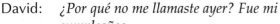

A. ¿Qué hiciste?

Lee y ESCUCHA.
David está enfadado con Natalia.

> David: ¿Por qué no me llamaste ayer? Fue mi cumpleaños.
> Natalia: Lo sé y lo siento. Es que estuve en la oficina hasta las ocho. Luego tuve una cena de trabajo con un cliente.
> David: ¿Y después de la cena, qué hiciste?
> Natalia: Me fui a tomar algo.
> David: ¿Y por qué no me llamaste desde la oficina o el restaurante?
> Natalia: Bueno, yo... es que... se me olvidó.

1 **Escucha y CORRIGE la información falsa.**

a. Natalia está enfadada con David.
b. Natalia cumplió años ayer.
c. David se fue a cenar después de dormir.
d. Natalia llamó desde el restaurante.

2 **Ordena los dibujos y ESCRIBE la historia de lo que le ocurrió a Natalia ayer.**

1. *Sonó el despertador...*

Para ayudarte

- **Hablar de acontecimientos pasados. Pretérito Indefinido. Verbos regulares**

	CENAR	COMER	SALIR
(Yo)	cené	comí	salí
(Tú)	cenaste	comiste	saliste
(Él/ella/Ud.)	cenó	comió	salió

desayunar

ir al trabajo

salir

acostarse

sonar el despertador

tener una reunión

ducharse

entrar a trabajar

despertarse

cenar con un cliente

hacer la compra

lavarse los dientes

3 ESCRIBE las preguntas correspondientes a cada frase del ejercicio anterior.

¿A qué hora sonó el despertador? ⟶ *El despertador sonó a las siete.*

	ESTAR	TENER	HACER	IRSE
(Yo)	estuve	tuve	hice	me fui
(Tú)	estuviste	tuviste	hiciste	te fuiste
(Él/ella/Ud.)	estuvo	tuvo	hizo	se fue

ara ayudarte

• **Hablar de acontecimientos pasados.
Pretérito Indefinido. Verbos irregulares**

4 PRACTICA en parejas. Completa la agenda de Pedro con la información de tu compañero.

A • *¿Qué hizo Pedro el jueves por la tarde?*

B • *El jueves por la tarde hizo la compra.*

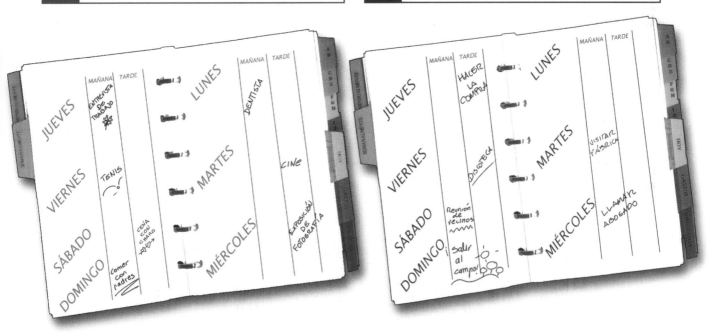

5 PRACTICA en grupo. El juego del sospechoso. Ayer por la mañana robaron en casa del Ministro. El policía pregunta al sospechoso dónde estuvo ayer y qué hizo por la mañana, apunta las respuestas y las expone en clase. El sospechoso con peor coartada pierde el juego.

B • *¿Dónde estuvo ayer?*

A • *Estuve en casa de una amiga.*

B. ¡Vaya fiesta de cumpleaños!

LEE.

David cumple treinta y cinco años y sus amigos le preparan una fiesta sorpresa.

a

b

1
- ¿Hay alguna bebida fresca en la nevera?
- No, no hay ninguna.

2
- ¿Ha venido alguien a tu fiesta?
- No, no ha venido nadie.

3
- ¿Te han regalado algo?
- No, no me han regalado nada.

d

c

4
- ¿Tienes algún disco de Shakira?
- No, no tengo ninguno.

¡Cumpleaños feliz! ¡Cumpleaños feliz! ¡Cumpleaños feliz!

...te deseamos todos, cumpleaños feliz.

RELACIONA cada ilustración con el diálogo correspondiente.

Para ayudarte

- **Expresar una cantidad indeterminada o inexistente**

Algo
A. ¿Tienes algo de beber?

Nada
B. Lo siento, no tengo nada en la nevera.

Alguien
A. ¿Conoces a alguien en la fiesta?

Nadie
B. No conozco a nadie.

Algún/alguno/os/a/as
A. ¿Tienes algún disco de Shakira?

Ningún/ninguno/os/a/as
B. No, no tengo ninguno.

2 RELACIONA las preguntas con las respuestas para formar los diálogos.

a. ¿Quieres un vaso de leche?
b. ¿Hay algún periódico en casa?
c. ¿Ha venido ya algún cliente?
d. ¿Hay una farmacia cerca?
e. ¿Tienes algún bolígrafo?

1. No, no tengo ninguno. Sólo llevo un lápiz.
2. No, no hay ninguna por aquí.
3. No, no hay ninguno. Hoy no lo he comprado.
4. No, gracias, no quiero nada.
5. No, todavía no ha venido nadie.

3 Mira el dibujo y RESPONDE verdadero o falso.

	V	F
1. No hay nadie en los balcones.	☐	☐
2. Hay alguien en el tejado.	☐	☐
3. Algunas personas están saliendo del edificio.	☐	☐
4. No hay ningún semáforo en la calle.	☐	☐
5. Nadie tiene flores en los balcones.	☐	☐
6. No hay ninguna panadería en el edificio.	☐	☐
7. Hay alguna ventana rota.	☐	☐
8. Alguien pasea con un perro delante del edificio.	☐	☐

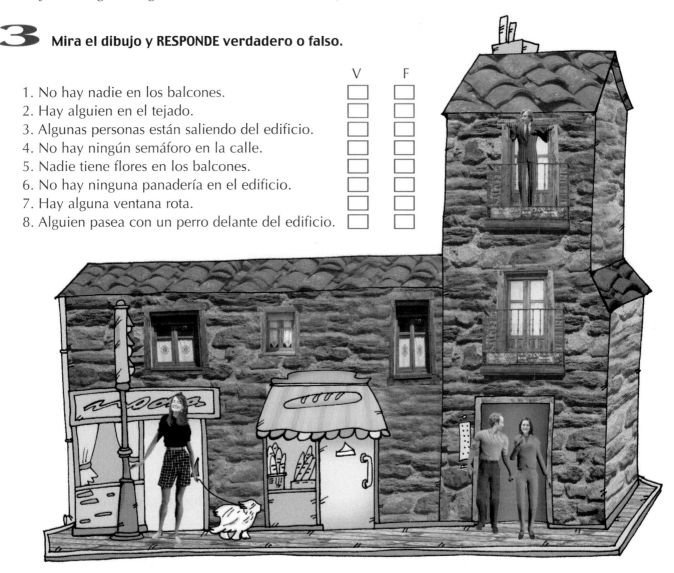

4 MIRA el dibujo treinta segundos. Cierra el libro. Ahora, tu compañero te hace preguntas sobre los vecinos.

5 PRACTICA en parejas. Pregunta a tu compañero como en el ejemplo. Tiene que responder siempre negativamente.

A
- ¿Ha llamado alguien por teléfono?
- Responde.
- ¿Hay alguien más en casa?
- Responde.
- ¿Necesitas algo?

B
- No, no ha llamado nadie.
- ¿Quieres tomar algo?
- Responde.
- ¿Hay algo interesante en la tele?
- Responde.

C. ¿Qué te pasa?

MIRA las ilustraciones y completa con las palabras que faltan.

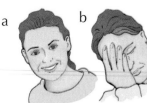   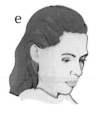 

| a | b | c | d | e | f |

triste
preocupada
enfadada

contenta .... aburrida .... enamorada

• Interesarse por el estado de alguien	• Describir estados de ánimo
A. *¿Qué te pasa?, ¿estás enfadada?*	B. *No, estoy cansada...*
A. *¿Cómo estás? / ¿Cómo te encuentras?*	B. *Muy bien, gracias.*

P ara ayudarte

2 **COMPLETA con una de las palabras del cuadro. Cambia el género si es necesario.**

a. Ricardo está .... porque van a operar a su madre.
b. • ¿Tienes mañana el examen de conducir?
   • Sí, pero no estoy nerviosa, estoy muy ....
c. • Creo que José Luis está .... de Rita.
   • Y yo creo que Rita también está muy .... de él.
d. • ¿Estás .... con tu novio?
   • Sí, y estoy harta de él.

preocupada
enamorado (2)
contento
tranquilo
enfadada

PRONUNCIACIÓN Y ORTOGRAFÍA

1 **ESCUCHA y repite.**

a. Yo siempre llevo gafas.
b. Ayer Pedro me llevó en su coche.
c. Nunca llego tarde. Soy muy puntual.
d. El martes pasado Pedro llegó tarde.

2 **Escucha y ESCRIBE los verbos en la columna correspondiente.**

	Yo siempre...	Ayer Pedro...
Llamar		
Entrar		
Cenar		
Llegar		

3 **Lee en voz alta estos diálogos y SUBRAYA la sílaba más fuerte de los verbos.**

A	B
• ¿Cuándo me llamaste?	• Ayer hablé con una amiga.
• ¿Con quién hablaste?	• Te llamé la semana pasada.
• ¿A quién llevó usted en coche ayer?	• Yo nunca llevo en coche a nadie.
• ¿Por dónde entró usted?	• Yo siempre entro por la puerta.
• ¿Con quién cenó usted anoche?	• Yo siempre ceno solo.

1 Mira los dibujos y ESCRIBE las palabras que faltan.

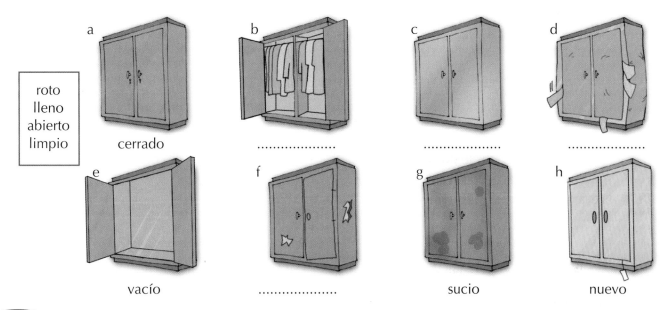

| roto |
| lleno |
| abierto |
| limpio |

a cerrado

b ....

c ....

d ....

e vacío

f ....

g sucio

h nuevo

2 Ahora, UNE cada adjetivo con su opuesto.

Vacío ⟶ Lleno

3 RELACIONA un sustantivo con dos adjetivos.

El banco no está cerrado, está abierto.

Sustantivos	Adjetivos
los muebles	lleno, vacío
la silla	limpio, sucio
el suelo	libre, ocupada
el cine	nuevos, rotos

4 ¿Qué dirías en estas situaciones? COMPLETA las frases con la palabra adecuada del ejercicio anterior.

a. • ¿Está ocupada esta silla?
   • No, está ....
b. • ¿Qué te pasa?
   • Vámonos de aquí ahora mismo. ¿Te has fijado? La mesa está .... y el cenicero está .... de colillas.
c. • ¿Qué cenamos?
   • Poca cosa. La nevera está ....
d. • Pero, ¿qué llevas dentro de la maleta?
   • ¡Si está medio ....! La ropa y poco más.
e. • ¿Cuál es el problema?
   • Lo siento, pero debe de haber un error. Sus butacas están ....

Contenidos gramaticales

Ñ **Pretérito Indefinido. Verbos regulares**

	CENAR	COMER	SALIR
(Yo)	cené	comí	salí
(Tú)	cenaste	comiste	saliste
(Él/ella/Ud.)	cenó	comió	salió
(Nosotros/as)	cenamos	comimos	salimos
(Vosotros/as)	cenasteis	comisteis	salisteis
(Ellos/ellas/Uds.)	cenaron	comieron	salieron

Ñ **Pretérito Indefinido. Algunos verbos irregulares**

	ESTAR	IR	VER	TENER	HACER
(Yo)	estuve	fui	vi	tuve	hice
(Tú)	estuviste	fuiste	viste	tuviste	hiciste
(Él/ella/Ud.)	estuvo	fue	vio	tuvo	hizo
(Nosostros/as)	estuvimos	fuimos	vimos	tuvimos	hicimos
(Vosotros/as)	estuvisteis	fuisteis	visteis	tuvisteis	hicisteis
(Ellos/ellas/Uds.)	estuvieron	fueron	vieron	tuvieron	hicieron

El Pretérito Indefinido del verbo SER tiene la misma forma que el verbo IR.

1 **ESCRIBE el verbo en Pretérito Indefinido.**

a. • ¡Qué bien ....*jugó*.... (jugar) ayer el Sevilla!, ¿verdad?
   • No sé, no .... (ver/yo) el partido, ... (estar) en la oficina hasta las diez.
b. • ¿............. (estar/vosotros) en la reunión del jueves?
   • Sí, ... (ser) muy interesante, ¿por qué no .... (ir/tú)?
c. • ¿Dónde .... (estudiar/Ud.)?
   • .... (hacer/yo) la carrera en Barcelona y después .... (trabajar) dos años en Londres.
d. • Anoche no te .... (oír/yo) llegar. ¿A qué hora .... (llegar/tú)?
   • Un poco tarde. Cuando .... (salir/nosotros) del cine, ... (ir/nosotros) a cenar.
e. • Ayer .... (empezar) las clases de alemán y la profesora nos .... (gustar) mucho.
   • Claro, es Raquel, ... (vivir/ella) cinco años en Alemania y está casada con un alemán.

2 **CLASIFICA los verbos del ejercicio anterior en la columna correspondiente.**

Indefinidos regulares	Indefinidos irregulares
jugó	

Marcadores temporales

> El Pretérito Indefinido suele utilizarse con los siguientes marcadores temporales:
>
> Ayer
> La semana pasada
> El mes pasado   *estuve* **en Canadá.**
> El año pasado
> Hace dos años

3 **COMPLETA con Pretérito Indefinido o Pretérito Perfecto. Fíjate en los marcadores temporales.**

a. Hace dos semanas ......*llegaron*...... (llegar) a Madrid unos amigos brasileños.

b. Este mes .... (ir/yo) al cine todos los viernes.

c. Hoy .... (levantarse/yo) tarde, porque anoche .... (acostarse/yo) a las tres de la mañana.

d. El sábado .... (hacer/nosotros) la compra para toda la semana.

e. • ¿................ (oír/tú) alguna vez tocar el piano a Ernesto?
   • Sí, lo .... (escuchar/yo) el año pasado en el Auditorio Nacional, es un verdadero artista.

f. • Nunca .... (estar/yo) en América, ¿y tú?
   • Yo, sí. .... (estar/yo) en Costa Rica hace dos años.

 Pronombres y adjetivos indefinidos

ALGO	NADA
A. *¿Tiene algo interesante?*	B. *No, no tengo nada.*
ALGUIEN	NADIE
A. *¿Se lo has dicho a alguien?*	B. *No se lo ha dicho a nadie.*
ALGÚN / ALGUNO (-A, -OS, -AS)	NINGÚN / NINGUNO (-A, -OS, -AS)
A. *¿Tienes algún CD de Thalía?*	B. *Creo que no tengo ninguno.*

• Algo, alguien y alguno se usan en frases afirmativas. Nada, nadie y ninguno en frases negativas.

• Si es adjetivo, se utilizan las formas algún, ningún.

> - *¿Tienes muchos discos de Enrique Iglesias? ¿Me dejas alguno?*
> - *¿Tienes algún disco de Enrique Iglesias?*

4 **COMPLETA las frases con las palabras del recuadro. Algunas pueden repetirse.**

a. Ayer un ladrón entró en la casa de al lado, y los vecinos no oyeron ......*nada*...... .

b. • ¿Me ha llamado ....?
   • No, no te ha llamado ....

c. .... personas de esta oficina no trabajan ....

d. No hay .... en la nevera. Bueno, sí, quedan .... tomates y una cebolla.

e. • ¿................ de vosotros sabe dónde están mis gafas?
   • No tenemos ni idea.

f. • ¿Hay .... carta para mí?
   • No, no hay ....

ALGUNO/S
NADA
NINGUNA
ALGUIEN
ALGUNA/S
NADIE

Actividades

1 LEE esta carta que Elvira envía a Lucía y ordena cronológicamente los episodios de su viaje a Perú.

Cuzco, 30 de junio de 2003

Querida Lucía:

Te escribo desde Cuzco. Es una ciudad impresionante y me lo estoy pasando muy bien. Todos los días visitamos monumentos muy interesantes y hacemos excursiones. La semana pasada estuvimos en Sacsayhuaman, una fortaleza para los ritos y fiestas sagradas de los incas. Vimos las fiestas del Inti Raymi, que son increíbles.

Anteayer fuimos a Machu-Picchu y visitamos las ruinas incas de la ciudad. Estuvimos todo el día: paseamos por el templo del Sol, probamos la comida inca e hicimos muchas fotografías. Al día siguiente nos quedamos en la ciudad. Fui al mercado, hablé con los vendedores y compré unos recuerdos. En fin, ya sabes, lo típico de los turistas. Por la tarde estuve en el hotel y me eché una siesta. Después salí a dar una vuelta. Cuzco (o Cusco, como dicen aquí) nunca duerme, es una ciudad muy, muy animada.

Bueno, te dejo. Antes de cenar, he hablado con Carla, mi amiga brasileña. Quedamos para ir a una sala de fiestas y voy a arreglarme.

Un abrazo muy fuerte,

Elvira

- [ ] Quedar para ir a una sala de fiestas.
- [ ] Cenar en un restaurante de Cuzco.
- [ ] Ir al mercado.
- [ ] Salir a dar una vuelta.
- [ ] Comprar recuerdos.
- [ ] Probar la comida inca.

2 ESCUCHA la conversación de Elvira con una amiga y señala lo que hizo en Cuzco.

- [ ] Conocieron a alguien interesante.
- [ ] No hicieron nada.
- [ ] Cantaron en un karaoke.
- [ ] Llegó alguien inesperado.

3 PRACTICA en parejas. Piensa en el viaje más emocionante que has hecho. Primero, escribe tus respuestas y a continuación pregunta a tu compañero.

¿Cuándo fuiste?
¿Dónde?
¿Con quién?
¿Cuánto tiempo duró?
¿Qué visitaste?
¿Qué te pasó?
¿Qué hiciste el último día?

1 Antes de leer el texto. ¿Sabes de qué país hispanoamericano son estos ritmos? Trata de de relacionar la música con el lugar de procedencia.

a • tango		1 • Colombia
b • zamacueca		2 • México
c • cumbia		3 • Perú
d • rumba		4 • Cuba
e • ranchera		5 • Argentina

2  Escucha los fragmentos de música y di de qué ritmo se trata en cada uno de los casos. Escribe tus respuestas debajo de cada foto.

3 Lee el texto y comprueba tus respuestas del ejercicio 1.

La música hispanoamericana, con su mezcla de alegría y tristeza, ha conquistado los corazones de medio mundo. Desde las rancheras mexicanas, la zamba, el tango y la milonga argentinos, la rumba cubana, la bachata dominicana, la cumbia y el vallenato colombianos, la zamacueca chilena y peruana, el bolero... la lista de ritmos se hace casi interminable. ¿Quién no ha oído alguna vez Guantanamera, Cielito lindo o Bésame? Y es que los bailes hispanoamericanos reflejan el carácter plural de los pueblos que habitan ese continente.

a

b

c

d

4  Escucha y completa la letra de Guantanamera con las palabras del recuadro.

claro	carmín	sincero
morirme	versos	verso

Guantanamera

Yo soy un hombre ...... 1.........
de donde crece la palma
y antes de ....2.......... quiero
echar mis ......3........... del alma.

Mi verso es de un verde ......4........
y de un ......5......... encendido.
Mi ....6......... es un ciervo herido
que busca en el monte amparo.

Internet

El tango es uno de los estilos musicales más conocidos en el mundo entero por la música, la letra de las canciones y la forma de bailarlo. Entra en www.edelsa.es (Actividades en la Red) y aprende el lenguaje del tango y sus movimientos.

Unidad 12
Viajar en avión

Competencias pragmáticas:

• Pedir y dar información sobre medios de transporte.
• Hacer comparaciones.
• Expresar la propiedad.
• Preguntar por el tiempo atmosférico. Responder.

Competencias lingüísticas:

Competencia gramatical
• Adjetivos demostrativos (II).
• Pronombres posesivos (1ª, 2ª y 3ª persona singular).
• Estructuras comparativas (I).
• Verbos impersonales: *llover, nevar*.

Competencia léxica
• El clima y el tiempo atmosférico.

Competencia fonológica
• El sonido /g/ y las letras "g", "gu" y "gü".

Conocimiento sociocultural:

• El tiempo en Hispanoamérica.

A. Retrasos por la niebla

Lee y ESCUCHA.

Daniel está en el aeropuerto. Busca el mostrador de facturación de su compañía aérea.

Daniel:	*Perdone, ¿puede decirme dónde está el mostrador de Aerolíneas Pegaso?*
Empleado:	*Sí, es aquel del fondo, el de color rojo.*
Daniel:	*Buenos días, ¿es este el mostrador para el vuelo a Barcelona?*
Azafata:	*Sí, es este. ¿Esas son sus maletas?*
Daniel:	*Sí, estas dos son mías, pero voy a facturar sólo la grande.*
Azafata:	*¿Prefiere ventana o pasillo?*
Daniel:	*Ventana, por favor. ¿A qué hora sale el avión?*
Azafata:	*En principio, la hora programada es a las 09:15, pero creemos que hay retraso a causa de la niebla.*
Daniel:	*¿Sabe cuánto tiempo se va a retrasar la salida?*
Azafata:	*Una hora más o menos.*
Daniel:	*¡Uf! Menos mal.*
Azafata:	*Bueno, pues aquí tiene su billete y la tarjeta de embarque. La puerta de embarque es la 5 H y la salida estimada del vuelo, a las 10:40.*
Daniel:	*Muchas gracias.*

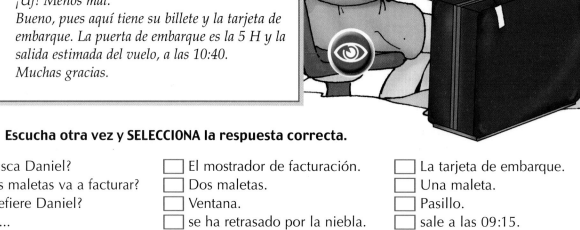

1 Escucha otra vez y **SELECCIONA** la respuesta correcta.

a. ¿Qué busca Daniel? — ☐ El mostrador de facturación. ☐ La tarjeta de embarque.
b. ¿Cuántas maletas va a facturar? — ☐ Dos maletas. ☐ Una maleta.
c. ¿Qué prefiere Daniel? — ☐ Ventana. ☐ Pasillo.
d. El vuelo... — ☐ se ha retrasado por la niebla. ☐ sale a las 09:15.

2 Mira la ilustración y **COMPLETA** el diálogo.

esta · esa · aquella

• Señalar distancias de objetos respecto del hablante

este	ese	aquel
esta	esa	aquella
estos	esos	aquellos
estas	esas	aquellas

Para ayudarte

- ¿Has visto la maleta?
- ¿............. azul claro?
- No, ... azul oscuro. Me gusta mucho. Me quiero comprar una igual para el viaje a la India.

ara ayudarte

• **Preguntar y dar información sobre medios de transporte**

A. *¿Qué vuelos hay esta tarde para Madrid?*
B. *Hay un vuelo cada hora.*

A. *¿A qué hora llega el último?*
B. *A medianoche.*

3 **ESCUCHA** unos anuncios de megafonía de un aeropuerto. Coloca estos resúmenes en el orden en el que aparecen. Después añade la información que falta.

a. Un vuelo tiene retraso. ¿Cuál? ………

b. Los pasajeros del vuelo de Aeroméxico tienen que embarcar. ¿Por qué puerta? ………

c. Hay niebla en otro aeropuerto. ¿En cuál? ………

d. Ha llegado un vuelo. ¿De dónde? ………

e. Dos pasajeros de un vuelo tienen que embarcar enseguida. ¿De qué vuelo? ………

4 Mira el horario de trenes desde Madrid a Sevilla y **RESPONDE** a las preguntas.

RECORRIDO TIPO TREN	MADRID SALIDA	SEVILLA LLEGADA	PERÍODO DE CIRCULACIÓN (1)	PRECIOS en EUROS
AVE	07:30 08:00 09:00 11:00	10:00 10:15 11:30 13:25	DIARIO	Turista 64,00 Preferente 95,00 Club 114,00
AVE	17:00 18:00 19:00 20:00	19:30 20:25 21:25 22:25	DIARIO	Turista 64,00 Preferente 95,00 Club 114,00
AVE	21:00 22:00 23:00 23:20	23:25 00:30 01:25 01:45	DIARIO S y D	Turista 64,00 Preferente 95,00 Club 114,00

(1) Los trenes diarios efectúan parada en Córdoba 46 minutos antes de llegar a Sevilla.

a. ¿A qué hora sale el primer tren a Sevilla?
b. ¿Cuánto dura el viaje a Córdoba?
c. ¿A qué hora llega el último tren a Sevilla?
d. ¿El tren diario para en Córdoba?
e. ¿Qué precio tiene el billete más barato?
f. ¿Cuándo sale el último tren diario a Sevilla?

5 **PRACTICA** en parejas. Tienes que llamar a una agencia de viajes para comprar unos billetes de tren. Tu compañero responde con ayuda del horario del AVE.

A
- Pregunta por el horario de salida de trenes diarios a Sevilla.
- Pregunta por billetes disponibles.
- Pregunta por el precio del billete.

B
- Responde con ayuda de la tabla.
- Responde afirmativamente.
- Responde con el precio del billete.

B. Recogiendo el equipaje

Lee y ESCUCHA.

Daniel no encuentra su maleta y se dirige a la oficina de reclamaciones.

Daniel:	*Buenos días, ¿es aquí la oficina de reclamaciones?*
Empleado:	*Sí, ¿qué desea?*
Daniel:	*Mire, he perdido una maleta.* *Bueno, la facturé y no ha aparecido.*
Empleado:	*¿Puede darme su descripción?*
Daniel:	*Bueno, es una maleta grande, es dura, de plástico...*
Empleado:	*¿De qué color es?*
Daniel:	*Es azul, azul oscuro.*
Empleado:	*¿Tiene la etiqueta con su nombre?*
Daniel:	*Sí, creo que sí.*
Empleado:	*Espere un momento, por favor.* *Tenemos estas fotos de maletas perdidas.* *¿Quiere verlas por si alguna es la suya?* *Hay una azul, por ejemplo...*
Daniel:	*Hmm, no, la mía es más grande.*
Empleado:	*¿Y esta?, ¿es más pequeña que la suya?*
Daniel:	*No sé si es la mía, la foto no es muy clara. ¿Dónde está esta maleta?*
Empleado:	*Está en un avión con destino a Toronto.*
Daniel:	*¡Toronto!*

1 Escucha y CORRIGE la información.

a. Daniel no facturó la maleta.

b. Su maleta es pequeña y de color negro.

c. No lleva ninguna etiqueta con su nombre.

d. La foto de la maleta es muy clara.

e. La maleta va en un vuelo a Quebec.

2 RELACIONA los elementos de las dos columnas para completar las frases.

a • Me encantan

b • ¿Cómo están

c • Ese bolso marrón

d • ¿De quién es el

e • ¿Es vuestra

f • He olvidado

1 • móvil que está en la mesa?

2 • es el mío.

3 • la maleta roja?

4 • tus padres, Jorge?

5 • mi pasaporte en casa.

6 • tus pantalones, Carmen.

> • **Expresar la propiedad**
>
> A. *¿De quién es esta maleta?*
> B. *Es mía. Es mi maleta.*

P ara ayudarte

ESCUCHA los diálogos y señala de quién es cada objeto.

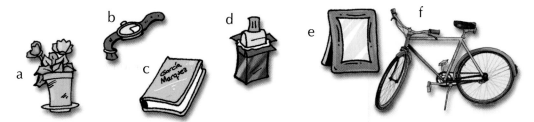

a   b   c   d   e   f

El reloj es de mi hermana.

1. El libro de García Márquez es ....
2. La bicicleta es de ....
3. La colonia es de ....
4. El marco es de su ....
5. La planta es de su ....

Para ayudarte

• Hacer comparaciones

más	pequeña	que...
menos	poblada	
tan	extenso	como...
mayor que...		

4   **LEE las fichas sobre algunos países de América Latina y localiza los datos que se piden.**

Honduras
Extensión: 112.492 Km²
Población: 6.316.000
Capital: Tegucigalpa (896.900)
Economía: agricultura (34,6%);
industria (23,0%);
servicios (42,4%).

Argentina
Extensión: 3.761.274 Km²
Población: 39.578.000
Capital: Buenos Aires (12.195.555)
Economía: agricultura (11,0%);
industria (22,7%);
servicios (66,3%).

Venezuela
Extensión: 916.445 Km²
Población: 23.707.000
Capital: Caracas (3.210.000)
Economía: agricultura (14,1%);
industria (20,3%);
servicios (65,4%).

Perú
Extensión: 1.285.216 Km²
Población: 25.661.690
Capital: Lima (6.884.000)
Economía: agricultura (38%);
industria (22%);
servicios (40%).

Nicaragua
Extensión: 121.428 Km²
Población: 4.933.000
Capital: Managua (1.093.760)
Economía: agricultura (21,4%);
industria (18,6%);
servicios (60,0%).

Colombia
Extensión: 1.141.748 Km²
Población: 41.566.000
Capital: Bogotá (6.437.000)
Economía: agricultura (2,1%);
industria (24, 7%);
servicios (73,1%).

1. Una ciudad más poblada que Lima.
2. Un país menos extenso que Nicaragua.
3. Un país tan poblado como Argentina.

4. Un país más agrícola que Honduras.
5. Una ciudad tan poblada como Bogotá.
6. Un país menos industrializado que Venezuela.

C. ¿Qué tiempo hace?

1 RELACIONA el símbolo con la palabra correspondiente.

| Viento | Soleado | Nublado | Nieve | Lluvioso | Niebla |

a b c d e f

Para ayudarte

• Preguntar por el tiempo atmosférico. Responder

A. *¿Qué tiempo hace hoy?/¿Qué tiempo va a hacer?*

B. *Hoy* { *Hace frío/calor/sol/viento   Está nublado, soleado.*
          Hay   niebla   Llueve, nieva (mucho).

A. *¿Qué temperatura hace hoy?*
B. *Estamos a cuatro grados bajo cero (-4°).*

2 COMPLETA con las palabras del recuadro.

a. En las montañas hay .... todo el año.
b. Hoy está .... y parece que va a ....
c. Hoy vamos a tener diez .... bajo cero.
d. ¿Te has fijado? Hoy hace muchísimo ....

| LLOVER |
| GRADOS |
| NIEVE |
| NUBLADO |
| VIENTO |

3 PRACTICA en parejas. Completa la tabla con la información de tu compañero.

A

A	Prv	T
Amsterdam	VI	10
Berlín		5
Lisboa	SO	
Moscú		-6
París	LL	11
Viena	NB	3

B

B	Prv	T
Amsterdam		10
Berlín	NU	
Lisboa	SO	18
Moscú	NI	
París		11
Viena	NB	

| LL: Lluvia |
| NB: Niebla |
| NI: Nieve |
| NU: Nublado |
| SO: Soleado |
| VI: Viento |

PRONUNCIACIÓN Y ORTOGRAFÍA

1   ESCUCHA y repite.

Congo, seguir, gato, gusto, alguien, cigüeña, apagar, pago, programas, guitarra, gas

	a	e	i	o	u
/ g /	ga	gue, güe*	gui, güi*	go	gu

Nota: GÜ indica que la u se pronuncia.

2 Escucha y SEÑALA qué palabra oyes.

	a.	b.	c.	d.	e.	f.
1	garra	gota	hago	vaga	mago	gusto
2	jarra	jota	ajo	baja	majo	justo

Amplía tu *vocabulario*

1 Mira el billete de avión y ESCRIBE la información que se pide.

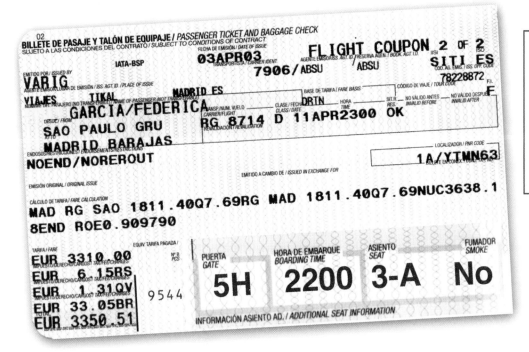

Número de vuelo
Compañía aérea
Puerta de embarque
Hora de salida
Destino
Hora de embarque
Asiento

2 ¿Qué haces cuando estás en el aeropuerto? ORDENA las siguientes acciones.

- ☐ Recoger el equipaje.
- ☐ Ir a la puerta de embarque.
- ☐ Facturar el equipaje.
- ☐ Sentarse en el avión.
- ☐ 1 Ir al mostrador de la compañía.
- ☐ Pasar el control de pasaportes.

3 Lee los diálogos siguientes y SEÑALA a qué situación del ejercicio 2 corresponden.

> • ¿Me enseña su pasaporte y la tarjeta de embarque, por favor?
> • Sí, un momento. Aquí lo tiene.
> • Gracias. Puede pasar.
>
> **A**

> • ¿Puedo ver su billete, por favor?
> • Claro, aquí lo tiene.
> • ¿Cuántas maletas va a llevar?
> • Estas dos.
>
> **B**

> Última llamada para los pasajeros del vuelo Iberia 379 con destino Bogotá. Se ruega embarquen urgentemente por la puerta B 17.
>
> **C**

> • Perdone, señorita, ¿dónde puedo recoger mi equipaje?
> • La sala está al fondo del pasillo.
> • Muchas gracias.
>
> **D**

> • Perdone, pero creo que este asiento es el mío.
> • ¿Cómo? En mi tarjeta pone el 4G.
> • ¿Sí? Pues es mi asiento.
> • Voy a comprobarlo. (...) ¡Oh!, perdone, me he equivocado.
>
> **E**

Contenidos gramaticales

Adjetivos y pronombres demostrativos

	Cerca del hablante	A poca distancia	Lejos del hablante
Masculino singular	este	ese	aquel
Femenino singular	esta	esa	aquella
Masculino plural	estos	esos	aquellos
Femenino plural	estas	esas	aquellas

Los pronombres demostrativos tienen, además de las formas anteriores, las neutras: esto, eso, aquello.
- *Me gustan esos vaqueros, ¿y a ti?*
- *No están mal, pero prefiero estos de aquí.*
- *¿Y aquellos del fondo, los pantalones con los bolsillos laterales?*

1 COMPLETA las series con el demostrativo adecuado y la palabra que falta. A continuación termina los microdiálogos.

ese coche

este coche

aquellos jerseys

....

estos jerseys

1.
- *Me encanta el coche verde.*
- *¿Cuál? ¿............. verde oscuro?*
- *No, ... verde claro.*

2.
- *Quiero comprar unos jerseys para mis hijos. ¿Qué me recomienda?*
- *¿Le gustan .... negros?*
- *No, prefiero .... azules.*

Adjetivos posesivos

Un solo poseedor			
	1ª persona	2ª persona	3ª persona
Singular	mi	tu	su
Plural	mis	tus	sus
Varios poseedores			
	1ª persona	2ª persona	3ª persona
Singular	nuestro	vuestro	suyo
Plural	nuestros	vuestros	suyos

𝕟 **Pronombres posesivos**

	1ª persona	2ª persona	3ª persona
Singular	el mío	el tuyo	el suyo
Plural	los míos	los tuyos	los suyos

mi maleta ——————▸ la mía
mis maletas ——————▸ las mías
tu billete ——————▸ el tuyo
tus billetes ——————▸ los tuyos
su bolsa ——————▸ la suya
sus bolsas ——————▸ las suyas

2 **SUBRAYA la forma correcta como en el ejemplo.**

¿Dónde están _mis_ / míos pantalones?

a. Me gustan mucho tuyas / tus gafas de sol.
b. ¿Me dice su / suya dirección, señor Marín?
c. Estos billetes no son nosotros / nuestros. Son ellos / suyos, de los chicos aquellos.
d. Prefiero los míos / mis a los tuyos / tus.
e. Este periódico no es mío / mi.
f. • ¿De quién son las llaves que están encima de la mesa?
    • Son mías / mis.

3 **COMPLETA con los posesivos adecuados.**

a. • ¡Qué reloj más bonito llevas! ¿Es ....*tuyo*......?
    • No, no es .... Es de .... padre, pero lo llevo siempre yo.
b. • Pilar, Jorge, ¿la tabla de *windsurf* es ....?
    • No, no es .... Nos la ha dejado un amigo.
c. • Oiga, señor, ¿estas maletas son ....?
    • Sí, son .... ¿Por qué lo pregunta?

𝕟 **Comparativos: superioridad, inferioridad e igualdad**

• De superioridad: más.. que   *Londres es más grande que Madrid.*
• De inferioridad: menos...que   *Madrid tiene menos habitantes que Londres.*
• De igualdad: tan (tanto)... como   *Barcelona es tan grande como Madrid.*

Algunas formas comparativas irregulares
Más grande ——————▸ mayor
Más pequeño ——————▸ menor

4 **Mira los datos de los personajes y ESCRIBE las comparaciones posibles.**

Azucena es más delgada que Nicolás.
Nicolás es mayor que Esteban.

	Azucena	Nicolás	Margarita	Esteban
Edad	21 años	72 años	45 años	17 años
Altura	1,70 m	1,64 m	1,58 m	1,90 m
Peso	57kgs	68 kgs	75 kgs	70 kgs

Actividades

1 LEE el anuncio de Aerolíneas Pegaso y formula las preguntas.

Pegaso, las comparaciones son odiosas... para algunos.

Fíjese:
Estamos más cerca de usted que otras. Tenemos 27 agencias en todo el país.
Le llevamos más lejos ...y por menos dinero que las demás.
Más de 80 destinos en todo el mundo.
Somos más baratos que la competencia... y mejores.
Ofertas todos los meses.
Menos del 1% de viajeros insatisfechos el año pasado.
Otras compañías son mayores que nosotros...
pero no les gustan las comparaciones.

a. ¿.....................................? 27 agencias en todo el país.
b. ¿.....................................? Más de 80 destinos en todo el mundo.
c. ¿.....................................? Todos los meses.
d. ¿.....................................? Menos del 1% de viajeros insatisfechos el año pasado.

2 ESCUCHA y completa los datos sobre el viaje en avión entre Madrid y Caracas.

	Día	Hora
Salida		
Regreso		
Escala		
Precio		
Clase		

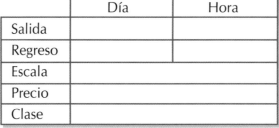

3 COMPARA las ofertas de estas dos habitaciones de hotel.

El hotel Hesperia es más caro que el hotel Omeyas.

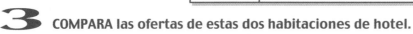

	Hotel Hesperia **** 1998	Hotel Omeyas ** 1960
TARIFA	288.99 euros (Hab. doble)	64.00 euros (Hab. doble)
SERVICIOS	Aparcamiento - Piscina - Restaurantes - Calefacción central - Pista de tenis - Facilidades minusválidos	Garaje - Se admiten animales - Cafetería - Restaurante
HABITACIONES	TV y TV por satélite - Aire acondicionado - Minibar - Tfno. - Baño completo - Caja fuerte	TV - Aire acondicionado - Tfno.
Nº HABITACIONES	107	52

tranquilo / ruidoso
antiguo / moderno
cómodo / incómodo
grande / pequeño
caro / barato

Descubriendo UNIDAD 12
El tiempo en Hispanoamérica

1

Relaciona cada imagen con la estación del año a la que se refiere.

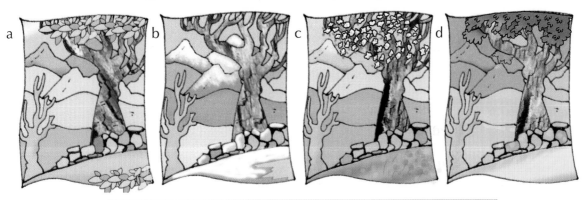

a   b   c   d

VERANO	OTOÑO	INVIERNO	PRIMAVERA

ZONAS CLIMÁTICAS

1 Húmeda tropical
2 Húmeda seca tropical
3 Semiárida cálida
4 Grandes alturas
5 Templada cálida

En Hispanoamérica, desde México hasta la Tierra del Fuego en Argentina, se dan todos los climas. En México, Centroamérica y Sudamérica, excepto en el Cono Sur (Uruguay, Chile y Argentina), el clima es tropical o subtropical, y solo hay dos estaciones, la lluviosa y la seca. Hace mucho calor todo el año, excepto en las zonas montañosas. En algunos picos de los Andes hay nieve todo el año.

En Uruguay, Chile y Argentina, por estar en zona templada, hay cuatro estaciones: primavera, verano, otoño e invierno. En los países hispanoamericanos del hemisferio sur, el verano comprende los meses de diciembre, enero y febrero; el invierno comprende los meses de junio, julio y agosto.

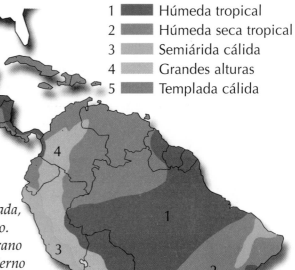

2

Mira el mapa y busca la información.

a. Cuatro países donde sólo hay dos estaciones, la húmeda y la seca.
b. Dos países que tienen las cuatro estaciones.

3

A qué estación corresponde el mes de mayo en los siguientes países:

Guatemala: ....   Chile: ....
Venezuela: ....   Cuba: ....

Internet
Consulta la dirección electrónica de un importante periódico argentino para conocer el tiempo en Hispanoamérica. Entra en www.edelsa.es (Actividades en la Red) y realiza la tarea que te proponemos.

TORRE CABAL
REFORMA 10

Imagen del centro de la capital mexicana
Ciudad de México. México

Unidad 13
Antes y ahora

Competencias pragmáticas:

• **Hablar de hechos pasados (III): describir acciones habituales en el pasado.**
• **Expresar la frecuencia con que se hacen las cosas.**
• **Hablar de la salud y de estados físicos.**

Competencias lingüísticas:

Competencia gramatical
• **Pretérito imperfecto de verbos regulares.**
• **Pretéritos imperfectos irregulares: *ir, ser.***
• **Formas negativas: *nunca.***
• **Verbo *doler.***

Competencia léxica
• **Partes del cuerpo.**
• **Enfermedades, estados físicos, remedios.**

Competencia fonológica
• **La "b" y la "v".**

Conocimiento sociocultural:

• **Una visita a Ciudad de México.**

A. Cuando yo era pequeña...

Lee y ESCUCHA.
Natalia nos cuenta los recuerdos de su infancia en el pueblo.

Cuando era pequeña vivía en un pueblo del norte. Era un pueblo muy bonito, rodeado de montañas, cerca pasaba un río. Era una vida muy tranquila. En invierno iba todos los días a la escuela. Los domingos salía con mis amigas a dar un paseo. En verano, nos bañábamos y pescábamos en el río; por la tarde había baile en la plaza del pueblo. Ahora queda poca gente, los jóvenes se han marchado a la ciudad a trabajar. En verano, algunos vuelven para disfrutar de la tranquilidad del campo y del paisaje. Los bailes en la plaza del pueblo siguen, pero ahora siempre son por la noche y hay más turistas que gente del pueblo.

1 SEÑALA cuál de las ilustraciones representa el pasado y cuál el presente del pueblo de Natalia. Explica tu respuesta.

2 ESCUCHA otra vez y contesta a las preguntas.

a. ¿Dónde vivía Natalia cuando era pequeña?
b. ¿Cómo era su pueblo?
c. ¿Qué hacía en invierno?
d. ¿Quedan ahora muchos jóvenes en el pueblo?

Para ayudarte

• **Describir acciones habituales en el pasado**

A. *¿Recuerdas qué te gustaba hacer de pequeño?*
B. *Me encantaba leer novelas de aventuras. Vivía en una pequeña ciudad y...*

PASAR	COMER	VIVIR
pasaba	comía	vivía
pasabas	comías	vivías
pasaba	comía	vivía
pasábamos	comíamos	vivíamos
pasabais	comíais	vivíais
pasaban	comían	vivían

3   ESCUCHA el relato sobre el pasado de este ejecutivo y completa la descripción con las frases del recuadro.

> sentía, me tomaba un bocadillo, estaba, estoy en forma, me sentaba

> Hace unos años trabajaba muchísimo. .... (1) diez horas en la oficina.
> Como no tenía tiempo para comer .... (2) y tres o cuatro cafés al día.
> .... (3) frente al ordenador y no hacía ningún ejercicio. Me ....
> (4) mal hasta que un día decidí cambiar de vida.
> Ahora trabajo menos. Como verduras y frutas todos los días. Voy al gimnasio
> tres veces por semana. Por fin, ... (5). Me encuentro ágil y feliz.

4 PRACTICA en parejas. Compara con tu compañero como en el ejemplo.

A	- Cuando era pequeño, jugaba en la calle, ¿y tú?

B	- Yo, en casa.

> En vacaciones: ir a la playa / ir a la montaña / salir al extranjero / etc.
> Los domingos: comer con los abuelos / ir al campo / salir con los amigos / visitar a mis primos / viajar por el extranjero / lavar el coche / etc.

5 Mira esta escena de la Edad Media. Hay varios errores. DESCRÍBELOS como en el ejemplo.

> Leer   Jugar   Usar   Ir   Tener
> Escuchar   Comprar   Hablar por teléfono

En la Edad Media la gente no usaba paraguas.

B. En la consulta del médico

Lee y ESCUCHA.

David atiende a un paciente en su consulta.

David:	*Cuénteme, ¿qué le ocurre?*
Paciente:	*No sé, doctor, no me encuentro bien.*
David:	*Dígame, ¿qué síntomas tiene?*
Paciente:	*Cansancio. Todos los días me levanto cansado, sin ganas de hacer nada.*
David:	*¿Hace ejercicio con regularidad?, ¿anda, corre, va al gimnasio...?*
Paciente:	*Bueno, la verdad es que muy poco. En realidad, nunca. Antes paseaba de vez en cuando, pero ahora siempre voy en coche.*
David:	*Pues tiene que hacer ejercicio todos los días: andar una hora o hacer gimnasia tres o cuatro veces a la semana.*
Paciente:	*¡Uf! Cuando tenía tiempo era más fácil, pero ahora es casi imposible. Trabajo mucho.*
David:	*Ya, pero eso no le sienta bien. Y la alimentación, ¿qué tal?, ¿sigue una dieta sana? ¿Come verduras y frutas a menudo?*
Paciente:	*A menudo no, sólo a veces.*
David:	*Bueno. Vamos a empezar por cambiar esa dieta e introducir un poco de ejercicio diario. ¿De acuerdo?*
Paciente:	*Muy bien, doctor.*

• **Expresar la frecuencia con que se hacen las cosas**

A. *¿Cuántas veces vas al gimnasio a la semana?*
B. *¿Yo? Todos los días.*

Siempre .... +
Todos los días
Muchas veces
A menudo
Una vez a la semana / al día
A veces
Pocas veces
Nunca .... -

ara ayudarte

1 **Escucha y CORRIGE la información sobre el paciente.**

a. El paciente se siente a veces cansado.

b. Hace ejercicio con regularidad.

c. Nunca usa el coche.

d. Tiene mucho tiempo libre para ir al gimnasio.

e. Come verduras y frutas todos los días.

2 RELACIONA los elementos de las columnas para formar frases.

a • ¿Come dulces a menudo?
b • ¿Sale mucho a cenar fuera?
c • ¿Le han operado alguna vez?
d • ¿Come en casa todos los días?
e • ¿Hace deporte?
f • ¿Come pan en las comidas?

1 • Sí, dos veces. Una vez de apendicitis y otra de anginas.
2 • Bueno, hago aeróbic a veces.
3 • Sí, muchas veces. Sobre todo, los sábados.
4 • Sí, en todas las comidas, pero pan integral.
5 • No, nunca. No quiero engordar.
6 • Sí, siempre. Vivo cerca de la oficina.

3 PRACTICA con tu compañero como en el ejemplo.

A
• Pregunta a tu compañero la frecuencia con que: come carne, come verduras, va al gimnasio.
• Responde.

B
• Responde.
• Pregunta a tu compañero la frecuencia con que: desayuna bien, come pescado, fuma cigarrillos.

  4 ESCUCHA la conversación entre Daniel y David y señala quién hace cada actividad y con qué frecuencia.

Quién

Actividades	Daniel	Frecuencia	David	Frecuencia
Hace gimnasia				
Monta en bicicleta				
Juega al fútbol, al baloncesto				
Va a nadar				
Sube andando las escaleras				
Lleva una dieta sana (come verduras...)				
Come fuera de casa				

 5 PRACTICA en parejas. Pregunta a tu compañero si hace o no alguna de las actividades del ejercicio anterior. A continuación, expones los resultados al resto de la clase.

¿Cuándo?

Tres veces por semana
Todos los días
A menudo
Una vez a la semana
Nunca
etc.

C. El cuerpo humano

COMPLETA el dibujo con el nombre de las partes del cuerpo de la lista.

Piernas
Codo
Boca
Espalda
Pie

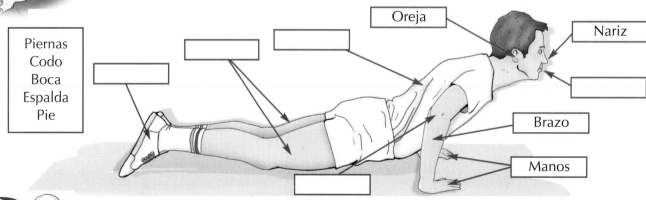

Oreja

Nariz

Brazo

Manos

 2 **ESCUCHA el diálogo y completa las palabras que faltan.**

Natalia: *¡David! Espera un momento. Daniel se ha caído de la bici y no puede moverse.*
David: *Daniel, ¿cómo estás?, ¿qué te duele? Intenta ponerte de pie.*
Daniel: *No, no, no puedo. Me duele mucho esta ....*
David: *Espera, que te ayudo.*
Daniel: *Imposible, David, me duele también este .... y creo que no puedo mover el ....*
David: *¡Vamos a urgencias! Creo que te has roto la ....*

Para ayudarte

• **Hablar de la salud**	(A mí) me
	(A ti) te
A. *¿Qué te duele? / ¿Cómo te encuentras?*	(A él/ella/Ud.) le **duele** la cabeza.
B. *Me duele la espalda. / Me encuentro bien/mal.*	(A nosotros/as) nos **duelen** los pies.
	(A vosotros/as) os
	(A ellos/ellas/Uds.) les

PRONUNCIACIÓN Y ORTOGRAFÍA

1 **ESCUCHA y repite.**

a. bebía   c. vacaciones   e. subvención   g. vivo
b. Bolivia   d. absorber   f. volver   h. obvio

> **Observa:**
> En español no se distingue en la pronunciación entre /b/ y /v/.

2 **Escucha y SEÑALA qué palabras escuchas.**

a. ☐ be   ☐ pe   c. ☐ Simbad   ☐ sin par   e. ☐ pista   ☐ vista
b. ☐ vida   ☐ pida   d. ☐ beso   ☐ peso   f. ☐ boca   ☐ poca

3 **ESCUCHA unas palabras. Sólo marca (✔) si cada una tiene el sonido /b/ (con be o con uve).**

	a	b	c	d	e
SÍ					
NO					

Amplía tu *vocabulario*

1 **COMPLETA cada ilustración con la palabra que falta.**

| FIEBRE ENFERMO ALERGIA |
| CANSADA DOLOR DE CABEZA SUEÑO |

1. TIENE ....

2. ESTÁ ....

3. TIENE ....

4. TIENE ....

5. TIENE MALA CARA

6. ESTÁ ....

7. TIENE GRIPE

8. ESTÁ MAREADO

9. TIENE ....

2 **¿Qué recomiendas a estas personas? RELACIONA la enfermedad con su remedio.**

1 • Tengo un dolor de cabeza horroroso.
2 • Nos duele la garganta desde ayer y tenemos fiebre.
3 • Me duelen mucho las muelas.
4 • Juan tiene una herida bastante grande.
5 • A Julia le duele el estómago desde ayer.
6 • No paro de estornudar, me pican los ojos.

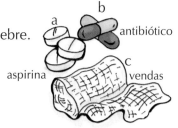

a aspirina
b antibiótico
c vendas

d manzanilla
e gotas
f jarabe

3 **ORDENA las palabras para escribir las expresiones del ejercicio 1 ó 2.**

Álvaro / mal / tiene que ir / al médico / se encuentra / y
Álvaro se encuentra mal y tiene que ir al médico.

a. Sonia / daño / se ha caído / se ha hecho / en un brazo / y
....

b. He dormido / mala / mal. / Tengo / cara
....

c. A / Toñi / la cabeza. / Va a tomar / le duele / una aspirina
....

d. José / enfermo, / se / está / mal / encuentra / muy
....

e. gripe / muchas / En / tienen / invierno / personas
....

Contenidos gramaticales

 Pretérito Imperfecto. Verbos regulares

	JUGAR	TENER	DECIR
(Yo)	jug**aba**	ten**ía**	dec**ía**
(Tú)	jug**abas**	ten**ías**	dec**ías**
(Él/ella/Ud.)	jug**aba**	ten**ía**	dec**ía**
(Nosotros/as)	jug**ábamos**	ten**íamos**	dec**íamos**
(Vosotros/as)	jug**abais**	ten**íais**	dec**íais**
(Ellos/ellas/Uds.)	jug**aban**	ten**ían**	dec**ían**

1 **COMPLETA como en el ejemplo.**

pescar	*pescaba*	*pescábamos*
a.	vivía	....
b. leer	....	....
c.	pasaba	....
d.	....	volvíamos
e. sugerir	....	....
f. visitar	....	visitábamos

 Pretérito Imperfecto. Algunos verbos irregulares

	IR	SER
(Yo)	iba	era
(Tú)	ibas	eras
(Él/ella/Ud.)	iba	era
(Nosotros/as)	íbamos	éramos
(Vosotros/as	ibais	erais
(Ellos/ellas/Uds.)	iban	eran

2 **ESCRIBE el verbo en Presente o Pretérito Imperfecto.**

a. Antes ....*vivía*...... (vivir/yo) en una ciudad, ahora .... (vivir) en el campo.

b. De niños, mis amigos y yo .... (jugar) al fútbol, ahora .... (jugar) al dominó.

c. De joven, ... (leer/tú) poesía a menudo.

d. Cuando .... (estudiar) secundaria, Ángel .... (ir) al instituto, ahora .... (estudiar) Derecho y .... (ir) a la universidad.

e. Es cierto, habéis trabajado mucho, hace diez años .... (ser/vosotros) camareros, ahora .... (tener) un restaurante.

f. Cuando .... (ser/yo) pequeña, me .... (gustar) bailar, hoy .... (preferir) oír música.

g. Antes, la gente .... (ir) a menudo al cine, ahora muchas personas se .... (quedar) en casa y .... (ver) películas en la televisión.

3 ESCRIBE los verbos en Pretérito Imperfecto.

Cuando ....*tenía*........ (tener/yo) veinte años, ... (estudiar) Derecho en la universidad. Sólo los viernes y los sábados .... (salir) de juerga con los amigos; los demás días, la vida .... (ser) tranquila y ordenada. Por las mañanas .... (ir) a clase, y por las tardes a estudiar a la biblioteca, pero más que estudiar, ... (leer) todo lo que caía en mis manos, no me .... (gustar) el Derecho, ... (querer) ser escritor... Y ahora ya ves, lo he conseguido. Todavía soy poco conocido, pero estoy seguro de que tendré éxito.

4 CLASIFICA los verbos del ejercicio anterior en la columna correspondiente.

Imperfectos regulares	*tenía*
Imperfectos irregulares	

 Marcadores de frecuencia

- **Acción muy frecuente**
Siempre / Todos los días / Muchas veces / A menudo *llega tarde al trabajo.*
- **Acción que se realiza con frecuencia**
Una vez a la semana / A veces *hace la compra en el mercado.*
    al día
- **Acción poco o nada frecuente**
Pocas veces / Nunca *compra el periódico.*

5 COMPLETA con *nunca, veces, siempre, a menudo, todos los días.*

Casi ....*siempre*....... en verano, vamos a un pueblo de la costa, porque nos gusta bañarnos en el mar. .... vamos a la playa y algunas .... salimos a navegar. No comemos .... en casa, comemos en un bar que está en la playa. .... hacemos excursiones por los pueblos de los alrededores.

 Verbo DOLER

(A mí)	me	
(A ti)	te	
(A él/ella/Ud.)	le	duele la cabeza.
(A nosotros/as)	nos	duelen los pies.
(A vosotros/as)	os	
(A ellos/ellas/Uds.)	les	

El verbo doler se conjuga como el verbo gustar.

6 Mira los dibujos y ESCRIBE lo que les duele a estas personas.

a. A Juan Carlos ....*le duele la pierna*.....................
b. A Lucía y Carmen ....
c. A Pedro y Jorge ....
d. A Ángeles ....
e. A Celia ....

Juan Carlos

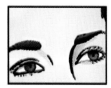
Celia

Lucía y Carmen

Pedro y Jorge

Ángeles

Actividades

1 LEE el texto y contesta verdadero o falso.

La medicina de la abuela

Cuando la gente tiene un resfriado, o fiebre, o dolor de garganta, normalmente va al médico, o toma una medicina de la farmacia, pero algunas personas prefieren utilizar un remedio casero, aprendido de sus madres o abuelas.

Por ejemplo, para bajar la fiebre es bueno ducharse con agua fría y beber mucho zumo de naranja. Cuando están resfriados, toman vapores de eucalipto para despejar la nariz. Para el dolor de garganta y la tos, es estupendo tomar una cucharadita de miel con un poco de zumo de limón. Otros consejos útiles son: **quemaduras**, lava rápidamente la quemadura con agua fría, después aplica un poco de aceite de oliva; **picaduras de abejas**, pon un poco de barro rápidamente; **insomnio**, bebe un buen vaso de leche caliente con miel; **pies doloridos y cansados**, mete los pies en agua caliente con sal durante un buen rato.

	V	F
1. Una ducha caliente para bajar la fiebre.	☐	☐
2. El aceite de oliva es bueno para las quemaduras.	☐	☐
3. El zumo de naranja se toma para el dolor de garganta.	☐	☐
4. El barro es bueno para las picaduras de abeja.	☐	☐

2 FORMULA las preguntas a varios compañeros de clase y conoce mejor sus hábitos y gustos.

1. ¿Con qué frecuencia lees artículos / libros / revistas de salud?
2. ¿Cuántas veces al año vas al dentista / médico?
3. ¿Con qué frecuencia visitas a tus familiares (tíos, primos, etc.)?
4. ¿Cuántas veces al mes compras ropa (abrigos, cazadoras, etc.)?

3 Ahora ESCRIBE un breve resumen con los resultados.

Muchos / algunos / unos pocos van al dentista una vez al año.

4 Mira las fotos e imagina cómo era la vida en estas dos ciudades. HABLA de los transportes el precio de la vivienda, el cine, la moda... Tus compañeros tienen que adivinar qué época describes.

a

b

1 ¿Qué sabes de Ciudad de México? Contesta verdadero o falso.

	V	F
a. Su nombre original era Tenochtilán.	☐	☐
b. La antigua ciudad de México tiene más de mil años.	☐	☐
c. La plaza más importante se llama Plaza del Zócalo.	☐	☐
d. Ciudad de México tiene en la actualidad 15 millones de habitantes.	☐	☐

2 LEE el texto y comprueba tus resultados del ejercicio 1.

En 1325 los aztecas fundaron México-Tenochtitlán. Creada en una zona de grandes lagos, se convirtió en poco tiempo en la capital del imperio azteca. México-Tenochtitlán fue una verdadera metrópoli con un centro religioso enorme: había 78 templos más los edificios del gobierno. La población de México-Tenochtitlán era superior a los 500 000 habitantes. Sólo cuatro ciudades europeas tenían en ese momento alrededor de 100 000 habitantes. Sevilla, la más grande de España, contaba con unos 45 000 habitantes. Años después, en 1521, la grandeza de Tenochtitlán cambió: los españoles, al mando de Hernán Cortés, la conquistaron. Los monumentos fueron destruidos y con las piedras de los antiguos edificios se construyeron los nuevos templos. Así se convirtió en la capital del virreinato de Nueva España.

1. Catedral de Ciudad de México.

Actualmente, Ciudad de México es la capital de los Estados Unidos Mexicanos, y viven en ella más de 20 millones de personas. Es una de las mayores ciudades del planeta. En ella conviven los modernos edificios gubernamentales con los restos de la cultura precolombina: el Templo Mayor, Teotihuacan y el Museo de Antropología, donde se puede ver la muestra más amplia de la historia y la cultura de todas las civilizaciones de México. Ciudad de México conserva parte de su antigua monumentalidad: las plazas de la Constitución o la del Zócalo, la avenida de Insurgentes, la más larga del mundo, dan a la metrópoli un aspecto de gran urbe.

2. Plaza del Zócalo.

3 Contesta a las preguntas.

1. ¿En qué año fue fundada Ciudad de México?
2. ¿Quién la destruyó en 1521?
3. ¿Cómo se llama la plaza más importante de Ciudad de México?
4. ¿Dónde se pueden ver restos de las diferentes civilizaciones mexicanas?

3. Piedra del Sol o calendario azteca.

Internet
Ciudad de México cuenta con muchas páginas *web* que ofrecen una completa información sobre la ciudad y que sugieren recorridos virtuales. Entra en www.edelsa.es (Actividades en la Red) y conoce algún secreto más de esta gran metrópoli.

Unidad 14
Instrucciones

Competencias pragmáticas:

- Expresar obligación en forma personal e impersonal.
- Expresar posibilidad / prohibición.
- Expresar condiciones reales.

Competencias lingüísticas:

Competencia gramatical
- *Hay que* + infinitivo
- Usos de *se.*
- Pronombres personales de Complemento Indirecto.
- Oraciones condicionales.

Competencia léxica
- Deportes e instalaciones deportivas.

Competencia fonológica
- La entonación interrogativa.

Conocimiento sociocultural:

- La lengua española en el mundo.

A. Quiero matricularme

 Lee y ESCUCHA.
Sandra quiere matricularse en un curso superior de español.

Sandra:	*Buenos días, quería saber qué tengo que hacer para matricularme.*
Secretaria:	*¿En qué idioma?*
Sandra:	*En español.*
Secretaria:	*Mire, tome este impreso. Tiene que rellenarlo con sus datos, especificar el nivel y pagar la matrícula.*
Sandra:	*¿Se puede pagar aquí, en la Secretaría?*
Secretaria:	*No, no se puede. Hay que pagar en el banco y volver aquí con el justificante del pago.*
Sandra:	*¿Se puede matricular uno por Internet?*
Secretaria:	*Sí, claro. Nuestra dirección es www.eoi.es.*
Sandra:	*¿Se sabe ya cuáles van a ser los horarios de las clases?*
Secretaria:	*Todavía no han salido. Quizás la semana que viene... Puede comprobarlo en Internet también.*
Sandra:	*Muchas gracias.*

1 Escucha otra vez y CONTESTA a las preguntas.

a. ¿Qué quiere Sandra?

b. ¿Se puede matricular por Internet?

c. ¿Qué tiene que hacer?

d. ¿Sandra sabe los horarios?

Para ayudarte

- **Expresar obligación de forma personal**

  A. *Perdone, ¿qué **tengo que hacer** para matricularme?*

  B. ***Tienes que rellenar** el impreso de matrícula y **tienes que pagar** en el banco.*

  Tener que + *infinitivo*

- **Expresar obligación de forma impersonal**

  A. *Para aprender un idioma **hay que estudiar** mucho.*

  Hay que + *infinitivo*

2 ¿Qué hay que hacer en esas situaciones? RELACIONA las frases con las actividades.

a • Para dejar de fumar...

b • Para trabajar en el extranjero...

c • Para tener novio/a...

d • Para ser un tenista muy famoso...

e • Para viajar a Nepal de vacaciones...

f • Para estar en forma...

g • Para matricularse en un curso de español...

1 • hay que pedir un visado.

2 • hay que relacionarse con gente.

3 • hay que estar decidido.

4 • tienes que practicar algún deporte.

5 • tienes que pedir el permiso de residencia.

6 • tienes que entrenarte mucho.

7 • hay que pagar la matrícula.

3 PRACTICA en grupos. ¿Qué hay que hacer en estas situaciones? Un alumno piensa en una situación y el resto tiene que ofrecer sugerencias.

TÚ
Para estar sano...
Para divertirse...
Para ser famoso...
Para tener más amigos...

La clase
Hay que practicar deporte.

 P ara ayudarte

• Expresar posibilidad	• Expresar prohibición
En el bar se puede hablar en voz alta.	*En el teatro no se puede hablar por el móvil.*

4 ¿Qué significan estos carteles? Mira los dibujos y RELACIONA cada ilustración con su explicación.

a

1. Se debe llevar el perro atado por una correa.
2. No se puede fumar.
3. No se puede hablar en voz alta.
4. No se puede grabar con cámara de vídeo.
5. Se puede pagar con tarjeta de crédito.
6. Se debe apagar el teléfono móvil.

f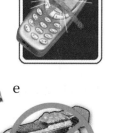

b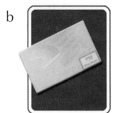

c

d

e

5 PRACTICA en grupos. ¿Se puede o no se puede? Consulta la lista de lugares de la tabla y escribe qué actividades (comer, fumar, hablar alto, hablar por teléfono, etc.) se pueden o no se pueden hacer en tu país en cada uno de esos lugares.

Lugares	Se puede	No se puede
Hospital		
Restaurante		
Museo		
Biblioteca		
Teatro		
En casa de un desconocido		

B. Si quiero aprender un idioma...

1 Lee este folleto y **SEÑALA** si las afirmaciones son verdaderas o falsas según el texto.

ESCUELA DE IDIOMAS DE

MÁLAGA

APRENDER IDIOMAS

Si esta es la primera vez que estudias un idioma, lee esta hoja con atención. Puede ayudarte.

• Asiste a clase con regularidad. Si no asistes, no puedes practicar conversación con tus compañeros, ni solucionar tus dudas.

• Si tienes dudas, pregunta a tu profesor/-a. Está para ayudarte.

• Si tienes tiempo, visita la biblioteca. Allí puedes encontrar libros de literatura, diccionarios, gramáticas y otros libros útiles.

• Si traes una foto, puedes obtener el carné de la biblioteca y llevarte libros a casa.

• Aprender un idioma no es difícil, pero no puedes aprenderlo en un mes ni puedes aprenderlo sin trabajar.

• Escucha canciones, lee libros y ve películas en el idioma que estudias. Si entiendes muy poco al principio, no te preocupes. Esta práctica siempre te ayuda.

• Trabaja con tus compañeros y compañeras. Pueden ayudarte mucho. Si vas a estar con ellos casi un año, intenta hacer amigos, intégrate en el grupo.

	V	F
a. La gente necesita tiempo para aprender un idioma.	☐	☐
b. La única forma de solucionar tus dudas y practicar conversación es asistir a clase.	☐	☐
c. Es recomendable hacer amigos entre los compañeros de clase.	☐	☐
d. Hay que preguntar las dudas a los compañeros.	☐	☐
e. Si no entiendes los libros al principio, no es necesario leerlos tan pronto.	☐	☐
f. Es necesaria una foto para el carné de la biblioteca.	☐	☐

2 **EN PAREJAS. A lee en voz alta una frase de la columna de la izquierda y B la completa, leyendo la frase más apropiada de la columna de la derecha.**

a • Si te duele la cabeza…
b • Si no tienes dinero…
c • Si llama Pepe…
d • Si empieza a llover…
e • Si no viene pronto el autobús…
f • Si tienes hambre…

1 • te hago un bocadillo.
2 • nos metemos en una cafetería.
3 • vete a casa.
4 • puedo prestarte 30 euros.
5 • dile que estoy en casa en diez minutos.
6 • tomamos un taxi.

• **Expresar condiciones reales**

Si + Presente de Indicativo, + Presente de Indicativo
Si podemos, Luis y yo vamos al cine los domingos.
Si + Presente de Indicativo, + Imperativo
Si tienes tiempo, llámame y nos vemos un rato.

Para ayudarte

---

3 PRACTICA con tu compañero. A y B piensan en cosas que quieren pedir el uno al otro. Luego completan este diálogo, como en el ejemplo.

A
a. ¿Puedes ayudarme a... *(hacer este ejercicio)?*
b. Te presto mi... *(bolígrafo)* si me dejas *(usar)* tu... *(teléfono).*
c. Te invito a *(un café)* si vienes conmigo a... *(hacer una fotocopia).*

B
1. Te ayudo a *(hacerlo)..* si me prestas tu... *(bolígrafo).*
2. Te dejo *(usar)* mi... *(teléfono)* si me invitas a... *(un café).*
3. Voy contigo a ... si ... *(Bueno / de acuerdo / vale)*

4 Cuatro estudiantes explican por qué estudian español. ESCRIBE una lista con sugerencias u obligaciones que debe respetar cada uno de ellos para mejorar su nivel. Tus compañeros tienen que adivinar a quién te diriges.

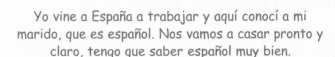

¿Por qué estudias español?

1. Malgorzata, polaca, 23 años.

Estoy estudiando español porque soy estudiante de cine y me gusta mucho Pedro Almodóvar. Ahora estoy haciendo mi tesis sobre él y tengo que aprender español, claro.

Yo vine a España a trabajar y aquí conocí a mi marido, que es español. Nos vamos a casar pronto y claro, tengo que saber español muy bien.

2. Eliane, brasileña, 32 años.

3. Leonora, italiana, 34 años.

Yo soy profesora de primaria en mi país y ahora el español es muy importante, así que lo estoy estudiando para dar clases de español.

Yo estoy aquí para hacer el doctorado en la Universidad Complutense sobre la cultura árabe española. Necesito saber muy bien el español, primero para poder leer los documentos y luego para presentar mi tesis.

4. Hassan, jordano, 39 años.

Lo más importante es...   *Si quieres mejorar...*
No te preocupes si...   *Eso sí. Tienes que...*

C. Dáselo y dímelo

1 Lee los siguientes diálogos y BUSCA los pronombres *lo, la, los, las, se.* ¿A qué palabras se refieren?

a. • ¡Mamá! Carlos no me deja el móvil.
  • Carlos, dáselo, por favor.

b. • Compra el pan, por favor, David.
  • Ya lo he comprado.

c. • ¿Le has dejado las llaves a Sonia?
  • Todavía no se las he dejado.

d. • ¿Le has devuelto a Carmen los 50 euros?
  • Sí, se los devolví ayer.

> ### • El orden de los pronombres
>
> Complemento Indirecto (**CI**) + Complemento Directo (**CD**).
> A. ¿Te ha enviado Carlos el correo?   B. Sí, **me lo** ha enviado esta mañana.
>
> **Se** sustituye a **le** o **les** cuando les sigue un pronombre complemento que comience por **l**.
> A. ¿Enviaste a Carlos el correo?   B. Sí, **se lo** envié ayer por la mañana.

2 COMPLETA los diálogos con el pronombre adecuado.

a. • ¡Qué bolso más bonito! ¿Quién __ __ ha regalado?
  • ¿Te gusta? __ __ ha regalado mi hermano.

b. • ¿__ has reservado a Nuria los billetes?
  • Sí, __ ___ reservé ayer.

3 PRACTICA con tu compañero. Formula preguntas utilizando una palabra de cada caja. Él tiene que utilizar los pronombres *me, te, le, se, lo, la.*

¿
| ME
TE
LE |
| DAR |
| el móvil
las fotos
las revistas
los libros |
?
| SÍ
NO |
| TE
ME
SE |
| LO
LA
LOS
LAS |
| DAR |

PRONUNCIACIÓN Y ORTOGRAFÍA

1 LEE las frases y señala si son interrogaciones o afirmaciones. Escribe los signos de puntuación.

a. A qué hora te acuestas.
c. Cuántos hermanos tienes.
e. Qué quieren tomar.

b. Qué haces los domingos.
d. Ana tiene seis hijos pequeños.
f. Me levanto a las seis de la mañana.

2 Escucha las frases y COMPRUEBA los resultados.

3   Ahora ESCUCHA estas frases y di si son interrogativas.

	a.	b.	c.	d.	e.	f.
Interrogativas						
No interrogativas						

Amplía tu *vocabulario*

1 Mira los dibujos y **ESCRIBE** el nombre de cada uno de los deportes debajo de la ilustración.

Natación
Parapente
Balonmano
Kárate
Esquí
Submarinismo

 a *Windsurf*

 b ....

 c ....

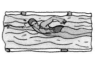 d ....

 e *Hípica*

f ....

 g ....

  h ....

2 ¿Dónde se practican? **RELACIONA** cada deporte con el lugar habitual donde se practica.

- baloncesto
- fútbol
- yudo
- golf
- natación
- tenis
- ciclismo

- estadio
- campo
- carretera
- cancha
- pista
- piscina
- tatami

3 **ESCRIBE** el nombre de tres deportes que se juegan en equipo y de tres deportes que se juegan individualmente. ¿Qué deporte puede practicarse también en parejas?

¡OJO! LÉXICO DE HISPANOAMÉRICA

el partido (deporte) = el certamen
el descanso (deporte) = la tregua
los hinchas = la fanaticada

4 **COMPLETA** con una palabra del cuadro.

judo, equipo, esquí, campeonato, ejercicio, polideportivo,
taekwondo, final, *footing*, baloncesto, deportistas

a. El domingo mi .... juega la .... del campeonato de fútbol.

b. Para estar en forma hay que hacer ....

c. Muchas personas hacen .... por el parque por las mañanas.

d. Cuando era niño jugaba al .... en las canchas del colegio.

e. El .... puede practicarse en el agua o en la nieve.

f. En casi todos los pueblos y ciudades hay un .... para los jóvenes.

g. Para participar en un ...., los .... deben entrenarse muchas horas.

h. El................ y el .... son deportes de autodefensa.

Contenidos gramaticales

 Frases impersonales

> • Se puede + *infinitivo*
> *¿Se puede pasar?*
>
> • Hay + que + *infinitivo*
> *Para estar en forma, hay que hacer deporte.*

1 **COMPLETA con *se puede*, *no se puede* o *hay que* según convenga.**

a. En los hospitales ....*no se puede*.... hablar en voz alta.
b. Para tener éxito en el trabajo, ... trabajar mucho.
c. En los centros públicos .... fumar.
d. Cuando hay nieve en las montañas .... esquiar.
e. Para ser un buen deportista .... entrenar todos los días varias horas.
f. Para ver la función de teatro, ... comprar antes las entradas.
g. Para cantar bien, ... tener buen oído.

2 **RELACIONA las dos columnas para formar frases.**

1. Cuando hace mucho frío   a. hay que hacer ejercicio.
2. Si queremos llegar temprano a la sierra,   b. hay que ponerse ropa de abrigo.
3. Para estar en forma   c. tengo que acostarme temprano.
4. Si estás enfermo,   d. tenemos que salir a las ocho de la mañana.
5. Como madrugo mucho todos los días,   e. tienes que ir al médico.

 Frases condicionales

> • *Si* + presente de indicativo, + presente de indicativo.
> *Si tienes tiempo, vamos esta tarde al cine.*
>
> • *Si* + presente de indicativo, + imperativo.
> *Si tienes tiempo, ven al cine conmigo.*

3 **ESCRIBE el verbo en la forma adecuada.**

a. Si ....*puedo*.... (poder/yo), voy esta tarde a tu casa.
b. Si tenemos dinero, este verano .... (ir) a México.
c. Si quiere hablar con el director, ... (sentarse/Ud.) y .... (esperar) un momento.
d. Te presto mi coche este fin de semana, si me .... (invitar/tú) a cenar el sábado próximo.
e. Si me .... (tocar) la lotería, voy a comprarme una moto.
f. Si tengo tiempo, ... (hacer/yo) la comida, si no, la .... (hacer) tú.
g. Si te encuentras mal, ... (llamar/tú) al médico.
h. Si tienes frío, ... (cerrar/tú) la ventana.
i. Si .... (salir/yo) pronto de la oficina, ... (ir/nosotros) al cine esta tarde.

Pronombres personales Complemento Directo (CD) e Indirecto (CI)

	Pronombres personales de complemento	
	Complemento Directo	Complemento Indirecto
(Yo)	me	me
(Tú)	te	te
(Él/ella/Ud.)	lo / la / le	le / se
(Nosotros/as)	nos	nos
(Vosotros/as)	os	os
(Ellos/ellas/Uds.)	los / las / les	les / se

• Orden de los pronombres en la frase:
Complemento Indirecto (CI) + Complemento Directo (CD)

- • *¿Me das tu número de teléfono?*
- • *Sí, ahora **te lo** doy.*
- • *¿Te han dado la beca?*
- • *Sí, **me la** han dado.*

ATENCIÓN:

Se sustituye a le o les cuando van seguidos de un pronombre complemento que comience por l.

- • *¿**Le** has prestado las revistas a Juan?*
- • *Si, **se las** he prestado.*

Colocación respecto al verbo:
Como norma general, los pronombres se sitúan antes del verbo en forma personal.
- • *¿Has comprado el periódico?*
- • *No, no **lo** he comprado todavía.*

Los pronombres personales de objeto van detrás del verbo cuando va en imperativo, infinitivo o gerundio.
> *No quieren decírtelo.*   *Están contándoselo.*

También pueden ir antes cuando va en infinitivo o gerundio.
> *No te lo quieren decir.*   *Se lo están contando.*

4 COMPLETA con los pronombres adecuados.

a. • No puedo escribirte porque no tengo tu dirección.
   • Eso no es ningún problema, ahora mismo <u>te la</u> doy.
b. • ¿Me prestas tus apuntes de geografía para el fin de semana?
   • Lo siento, pero __ __ presté la semana pasada a Pilar y no __ __ ha devuelto.
c. • ¡Qué anillo tan bonito!
   • Es precioso, ¿verdad? __ __ ha regalado mi marido por mi cumpleaños.
d. • ¿Y mi bufanda azul? No está en mi armario.
   • __ __ ha puesto tu hermano.
e. • Llevas una corbata muy moderna.
   • ¿De verdad te gusta? __ __ ha regalado mi mujer.
f. • Ese vestido te queda muy bien.
   • ¿Te gusta? __ __ compré para la boda de mi sobrina y no __ __ pongo casi nunca.

Actividades

1 Pau Gasol es el mejor jugador de baloncesto español. En la actualidad juega en la NBA. Lee esta entrevista y **RELACIONA** las preguntas con sus correspondientes respuestas.

Respuestas

Pau: *Sí, más o menos. El ritmo es duro pero si quieres jugar aquí, tienes que acostumbrarte pronto.*

Pau: *Tengo que entrenar unas seis o siete horas diarias más los viajes. Hay que viajar muchas veces a la semana y tengo que descansar todo el tiempo que puedo.*

Pau: *Sí, en este momento sí. Mis hermanos van al colegio y mis padres me ayudan a buscar casa. De momento tenemos que vivir de alquiler. Y echo de menos mi país, a mi gente, mis amigos, mi familia, mi casa, mi cama, la comida... todo.*

Pau: *Es muy, muy difícil. Hay que sacrificar muchas cosas: tu tiempo libre, tus amigos, tu gente... Si deseas estar en la NBA, ya sabes lo que tienes que hacer.*

Pau: *En la NBA se juegan muchos más partidos y la gente es más fuerte. El ritmo de juego es más rápido. ¿Y qué más?... Hay que viajar mucho y no hay más remedio que adaptarte a esto.*

Pau: *Calzo un 50.*

Preguntas

E: ¿Cuál es la mayor diferencia entre el baloncesto europeo y la NBA?

E: ¿Cómo es un día de tu vida en Memphis?

E: ¿Hay que renunciar a muchas cosas para poder jugar en Estados Unidos?

E: Tengo una curiosidad. Ya sabemos que mides 2,15 metros, pero ¿qué número de zapato usas?

E: ¿Está tu familia contigo?

Entrevistador: ¿Te has acostumbrado ya al ritmo de juego de la NBA de 3 ó 4 partidos por semana?

Pau Gasol

2 **ESCUCHA** la entrevista "Curiosidades sobre Pau Gasol" y comprueba tus respuestas.

3 **EN PAREJAS. A hace una entrevista a B, que es un deportista famoso.**
Esta tarde tenemos aquí con nosotros a...

4 **PRACTICA en grupos: El Juego de los Juegos. Cada grupo piensa en un deporte o juego conocido y prepara unas instrucciones para ese juego o frases sobre él. Los otros equipos intentan adivinar de qué juego se trata.**

Para el ajedrez:

1. Jugamos con dieciséis fichas.
2. Tienen que jugar dos jugadores.
3. Hay que *comer* una ficha especial del contrario.

4. Hay que pensar mucho.
5. Podemos jugar contra un ordenador.

Descubriendo

UNIDAD 14

La lengua española en el mundo

1 ¿Por qué estudias español? Elabora una lista con los motivos y explica las razones al resto de la clase.

2 Lee el texto y contesta verdadero o falso.

Según datos del Instituto Cervantes, se calcula que en todo el mundo hablan español unos 370 millones de personas, repartidos en varios continentes. Es la cuarta lengua más hablada del mundo, después del chino mandarín, el hindi y el inglés, y es oficial en 21 países.

Se habla en México, Colombia, España, Argentina, Venezuela y en otros 17 países, incluida Guinea Ecuatorial, Filipinas y algunas zonas de Israel. Además, hay que contar los hispanohablantes que viven en países donde el español no es lengua oficial. Se calcula que son unos 38 millones en todo el mundo: dos millones en Filipinas y 35 millones de hispanos que viven en Estados Unidos.

Por otro lado, están los extranjeros que aprenden español por diferentes motivos: porque viven en un país de habla hispana, porque lo necesitan para su trabajo o sus estudios, porque les gusta la cultura hispana... Por todo ello, el español es una de las lenguas con mejores perspectivas de crecimiento. Se calcula que el número de hispanohablantes llegará a los 600 millones a lo largo de este siglo.

	V	F
a. El español se habla en cuatro continentes.	☐	☐
b. Hoy hablan español casi 600 millones de personas.	☐	☐
c. Es lengua oficial en más de una veintena de países.	☐	☐

Monumento a
Miguel de Cervantes.
Plaza de España, Madrid.

3 ¿Sabes cuáles son los cinco países con mayor número de hispanohablantes? Trata de ordenar los países y las cifras. Consulta la página 143.

☐	Colombia	41.566.000
☐	Estados Unidos	35.300.000
☐	Argentina	96.890.000
☐	España	40.800.000
1	México	39.578.000

Internet

El Instituto Cervantes es el organismo público español creado con la finalidad de contribuir a la difusión de la lengua española en todo el mundo. Entra a www.edelsa.es (Actividades en la Red) y realiza la tarea para conocer más datos sobre esta institución.

Interior de La Mezquita
Córdoba. España

Unidad 15
Acontecimientos del pasado

Competencias pragmáticas:

- **Hablar de hechos pasados (IV): acciones interrumpidas por otra acción.**
- **Narrar acontecimientos.**
- **Contar la vida de una persona.**

Competencias lingüísticas:

Competencia gramatical
- **Revisión de los tiempos del pasado.**
- **Pretérito indefinido de *leer, morir* y *nacer*.**
- **Estructuras comparativas y superlativas.**

Competencia léxica
- **Sucesos y acontecimientos históricos.**

Competencia fonológica
- **Repaso de esquemas de acentuación.**

Conocimiento sociocultural:

- **Acontecimientos históricos en España desde 1975.**

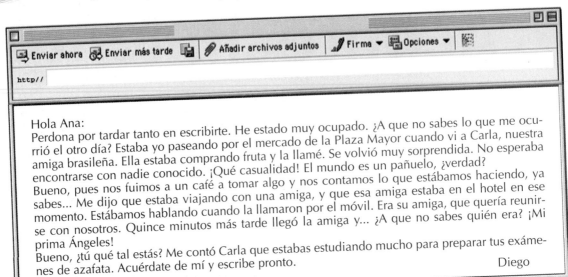

A. ¿Qué pasó?

LEE este correo electrónico.
Diego escribe a una amiga para contarle una anécdota.

Enviar ahora   Enviar más tarde   Añadir archivos adjuntos   Firma ▾   Opciones ▾

http//

Hola Ana:
Perdona por tardar tanto en escribirte. He estado muy ocupado. ¿A que no sabes lo que me ocurrió el otro día? Estaba yo paseando por el mercado de la Plaza Mayor cuando vi a Carla, nuestra amiga brasileña. Ella estaba comprando fruta y la llamé. Se volvió muy sorprendida. No esperaba encontrarse con nadie conocido. ¡Qué casualidad! El mundo es un pañuelo, ¿verdad?
Bueno, pues nos fuimos a un café a tomar algo y nos contamos lo que estábamos haciendo, ya sabes... Me dijo que estaba viajando con una amiga, y que esa amiga estaba en el hotel en ese momento. Estábamos hablando cuando la llamaron por el móvil. Era su amiga, que quería reunirse con nosotros. Quince minutos más tarde llegó la amiga y... ¿A que no sabes quién era? ¡Mi prima Ángeles!
Bueno, ¿tú qué tal estás? Me contó Carla que estabas estudiando mucho para preparar tus exámenes de azafata. Acuérdate de mí y escribe pronto.

Diego

1 **SEÑALA a quién se refiere cada una de estas frases: Ana, Carla, Diego o Ángeles.**

a. Estaba paseando cuando se encontró con alguien.
b. Estaba comprando fruta cuando alguien la llamó.
c. Estaba viajando con una amiga.
d. Estaba estudiando mucho.
e. Estaban hablando cuando sonó el teléfono.

2 Mira los dibujos y CUENTA qué pasó.

merendar   llegar

Cuando estábamos merendando, llegaron los Martínez.

a. ir en bicicleta

b. romperse una pierna

c. ducharse

d. sonar el teléfono

e. hablar

f. llegar el autobús

• **Expresar acciones interrumpidas por otra acción**

A. *Cuando **empezó** la película...*
(Pretérito Indefinido)

B. ***estábamos intentando** aparcar.*
(Pretérito Imperfecto)

Para ayudarte

---

3 PRACTICA en parejas. Piensa en acontecimientos importantes y en qué estabas haciendo en aquel momento. A continuación, pregunta a tu compañero.

A
• *¿Qué estabas haciendo cuando murió Lady Di?*
• *Yo estaba haciendo un examen.*

B
• *Eh... No me acuerdo. ¿Y tú?*

1. Caída del Muro de Berlín (9-XI-1989)
2. La llegada del nuevo milenio (1-I-2000)
3. La entrada del euro (1-I-2002)
4. Inauguración de los JJ.OO. Barcelona 92 (25-VII-2002)
5. La llegada del hombre a la Luna (20-VII-1969)

B. Un año en la vida de...

Lee.
Natalia y David leen la noticia del inicio del Año Picasso.

COMIENZA EL AÑO PICASSO

[...]

Pablo Ruiz Picasso nació en Málaga el 25 de octubre de 1881. Con 10 años, su familia se trasladó a La Coruña (Galicia) donde empezó a pintar. Cuatro años más tarde, volvió a mudarse, esta vez a Barcelona. En 1900 viajó por primera vez a París, ciudad en la que expuso y vendió sus primeros cuadros.

En 1907 pintó *Las señoritas de Aviñón*, que significó el inicio del movimiento cubista. En 1918 se casó con Olga Koklova, con la que tuvo su primer hijo, Pablo, cuatro años después de conocerla. En 1934 tuvo a su hija Maya y en 1949 a Paloma, fruto de diferentes relaciones.

Iniciada la Guerra Civil, en 1937, presentó uno de sus cuadros más famosos, *El Guernica*, considerado una denuncia de los horrores de la guerra. A partir de entonces expuso en los principales museos de todo el mundo, como Nueva York, Munich, Roma, Barcelona o París que le dieron fama y prestigio mundiales.

Murió el 18 de abril de 1973 en Mougins, Francia.

1 **ORDENA los datos de la biografía de Pablo Picasso.**

- [ ] Tuvo su segundo hijo.
- [ ] Murió en 1973.
- [ ] Pintó *El Guernica*.
- [ ] Se mudó a Barcelona.
- [1] Nació en 1883.
- [ ] Se casó con Olga Koklova.

Para ayudarte

• Contar la vida de una persona

A. *¿Dónde nació?*   B. *Nació en Málaga.*

A. *¿Qué hizo?*   B. *Trabajó como pintor.*

A. *¿Cuándo pintó su primer cuadro?*   B. *En 1889, a los 8 años.*

A. *¿Cuándo murió?*   B. *En 1973.*

2 Lee las siguientes biografías de Luis Buñuel y Simón Bolívar. COLOCA los verbos en el lugar correspondiente.

Luis Buñuel

• .... en Calanda (España) en 1900. Con 8 años descubre el cine en una sesión en Zaragoza.
• En 1917 se instaló en la Residencia de Estudiantes de Madrid. Allí .... a Federico García Lorca y Salvador Dalí.
• Rodó con Salvador Dalí *Un perro andaluz*, primer cortometraje del movimiento surrealista.
• .... la Palma de Oro en el festival de Cannes, la Concha de Oro en el de San Sebastián y el León de Oro en Venecia.
• En 1972 obtuvo el Oscar de Hollywood por *El discreto encanto de la burguesía*.
• .... muchos años en Francia, Estados Unidos y México. Trabajó en Hollywood.
• Murió en Ciudad de México en 1983.

Simón Bolívar

• Nació en Caracas (Venezuela) en 1783.
• Recibió una excelente educación, estudió aritmética, geografía, historia y gramática.
• Su verdadera vocación eran las armas.
 .... en el ejército 1797.
• Estudió en Europa varios años.
• En 1811 .... a Venezuela.
• De 1811 a 1825 .... las campañas militares que condujeron a la independencia americana.
• .... cerca de Santa Marta, ciudad a orillas del Caribe en 1830.

nació	conoció	ingresó	murió
recibió	dirigió	vivió	regresó

3 PRACTICA en grupos. Piensa en un personaje famoso. Tus compañeros tienen que preguntar datos de su vida y adivinar quién es el personaje.

grupo
• ¿Dónde nació?
• ¿Cómo se llamaba?

A
• En Ajaccio.
• No puedo decirlo.

4 PRACTICA en parejas. Haz preguntas sobre estos personajes y completa los cuadros. A sólo puede consultar su cuadro y B el suyo.

A

Eva Perón ( )	Los Toldos (Argentina)	Actriz y activista política	
Frida Kahlo (1907-1954)	Ciudad de México (México)		
Jorge Luis Borges (1899-1986)			Escribió cuentos, *El Aleph*.

B

Jorge Luis Borges ( )	Buenos Aires (Argentina)	Escritor	
Frida Kahlo ( )		Pintora	Pintó *Las dos Fridas*
Eva Perón (1919-1999)			Creó el Partido Feminista Peronista

C. El más alto de...

Mira las ofertas de viaje y CONTESTA a las preguntas.

Gran oferta LANZAROTE

Viajes en julio
7 días, 6 noches
Ven a Lanzarote a conocer las maravillosas playas de aguas transparentes. Te espera el Parque Nacional de Timanfaya y los volcanes de la isla. No te lo puedes perder.
Desde Madrid: **Precio desde: 464 euros.**

Superoferta HELSINKI

Viajes en mayo - 4 días, 3 noches
Ven este puente y descubre el rito de la sauna, y saborea un café caliente en una de sus terrazas. Helsinki tiene mucho que ofrecerte. Ya verás.
Desde Barcelona: **Precio desde 307 euros.**

a. La oferta más barata de las dos.
b. El recorrido más urbano de los dos.
c. El viaje de mayor duración de los dos.
d. El viaje más veraniego.

Para ayudarte

• **Superlativos relativos**

- El/la/los/las + (sustantivo) más + adjetivo de
El Nilo es el río más largo del mundo.

- El/la/los/las + (sustantivo) menos + adjetivo de
Este abrigo es el menos caro de toda la tienda.

2 **¿Sabes a qué se refieren estos datos? RELACIONA con los datos para escribir frases como en el ejemplo.**

El Nilo es el río más largo del mundo. Tiene 6 670 km.

Cordillera de los Andes	17 075 200 km²
Ciudad de México	8 848 m
Rusia	0,40 km²
Río Nilo	1 246 872 000 habitantes
Ciudad del Vaticano	20 560 000 habitantes
Everest	6 670 km
China	7 240 km
Brasil	8 511 965 km²

PRONUNCIACIÓN Y ORTOGRAFÍA

1 **LEE las palabras del recuadro y colócalas en la columna que les corresponde según el acento fónico o hablado.**

casualidad	estabamos	estaba	fuimos	cantante	montaña
español	argentina	Cordoba	salud	creo	terraza

Con tilde	Penúltima sílaba	Última sílaba

2 **ESCUCHA y comprueba tus resultados del ejercicio 1.**

3 **ESCRIBE las tildes en las palabras que lo necesiten.**

Amplía tu *vocabulario*

1 ¿Sabes cuáles son las secciones de un periódico? RELACIONA el nombre de la sección con su ilustración.

- SOCIEDAD
- DEPORTES
- CULTURA
- INTERNACIONAL
- ECONOMÍA
- CIENCIA

2 LEE los siguientes titulares de periódico y señala a qué sección pertenecen.

a JOSÉ JIMÉNEZ LOZANO RECIBE HOY DE MANOS DEL REY EL PREMIO CERVANTES DE LITERATURA

c NINGUNA PELÍCULA ESPAÑOLA DISPUTA LA PALMA DE ORO DEL FESTIVAL DE CANNES

b FALLECE LA CANTANTE DE JAZZ NINA SIMONE

d LOS TRABAJADORES DE **PIZZA-PIZZA** INICIAN UNA MARCHA A PIE HACIA MADRID EN PROTESTA POR SU SITUACIÓN LABORAL

e EL BARCELONA Y EL VALENCIA ELIMINADOS DE LA LIGA DE CAMPEONES

3 ¿Qué tipo de publicación son? CLASIFICA las cabeceras en la categoría correspondiente. Decide en qué publicación puedes encontrar las noticias del ejercicio 2.

- Periódicos de información general
- Revistas del corazón
- Periódicos económicos
- Periódicos deportivos

4 ¿Qué tipo de publicación lees con más frecuencia? ¿Compras el periódico todos los días? ¿Con qué frecuencia?

Contenidos gramaticales

ñ Pretérito Indefinido de algunos verbos: **LEER, NACER, MORIR**

	LEER	NACER	MORIR
(Yo)	leí	nací	morí
(Tú)	leíste	naciste	moriste
(Él/ella/Ud.)	leyó	nació	murió
(Nosotros/as)	leímos	nacimos	morimos
(Vosotros/as)	leísteis	nacisteis	moristeis
(Ellos/ellas/Uds.)	leyeron	nacieron	murieron

1 COMPLETA la biografía del escritor argentino Jorge Luis Borges con los verbos del recuadro.

> recibir   vivir   ser   aprender   nacer   morir   conceder   traducir   escribir

Jorge Luis Borges ...*nació*... el 24 de agosto de 1899 en Buenos Aires, Argentina. .... bilingüe desde su infancia y .... a leer en inglés antes que en español. A los nueve años .... del inglés *El príncipe feliz* de Oscar Wilde. .... en Ginebra, Madrid y Buenos Aires. .... poemas, libros de ensayo y sus famosos cuentos, entre ellos *El Aleph, Historia Universal de la infamia* o *Ficciones*. .... muchos premios, entre ellos el Cervantes de Literatura Española, pero nunca le .... el Nobel. Borges .... el 14 de junio de 1986 en Ginebra.

ñ Contraste Pretérito Indefinido – Pretérito Imperfecto

> Cuando el Pretérito Indefinido y el Imperfecto aparecen juntos:
> • El Pretérito Indefinido expresa la acción principal.
> *Cuando estaba leyendo el periódico, vi mi foto en la primera página.*
>
> • El Pretérito Imperfecto describe las circunstancias de la acción principal.
> *Cuando iba al cine, me encontré con Fernando.*

2 COMPLETA con Pretérito Imperfecto o Pretérito Indefinido.

a. Cuando Esther tenía veinte años, ...*tuvo*.... (tener) un accidente de moto.
b. Cuando fuimos a sacar las entradas del teatro, ya no .... (quedar) ninguna.
c. Cuando salía de casa, ... (empezar) a llover.
d. Cuando .... (nacer) mi segundo hijo, yo tenía treinta y dos años.
e. Cuando .... (ser/yo) joven, participé en varios campeonatos de gimnasia rítmica.
f. Laura .... (conocer) a su marido cuando vivía en Londres.
g. Andrés publicó sus primeros cuentos cuando .... (estudiar) en la universidad.
h. El sábado, cuando .... (ir) al mercado, mi madre se cayó y se .... (romper) un brazo.

3 SUBRAYA la forma correcta para cada una de las frases.

a. • ¿Te han dado la beca para Italia?
   • Sí, ayer cuando <u>estaba</u>/estuve desayunando, me llegó la carta comunicándomelo.

b. • ¡Qué buena película la de anoche en la tele!
   • Sí, nosotros también la vimos, pero se estropeó la televisión, y no pudimos/podíamos ver el final.
   • ¡Qué faena!

c. • ¿Has visto a Ángeles últimamente?
   • Sí, la vi/veía ayer, cuando estaba/estuve esperando el autobús. Está muy bien.

d. • ¿Qué tal la fiesta de ayer?
   • Regular, estábamos escuchando música y bailando y el vecino de abajo subió/subía
     para protestar por el ruido. En fin, a las doce y cuarto nos fuimos todos a dormir.

e. • ¿Señor González, ha terminado el informe?
   • Lo siento, ayer cuando lo estaba/estuve terminando me llamó mi padre y tuve/tenía que ir con
     él al médico. Estuvimos/estábamos toda la noche en el hospital.

f. • El lunes, cuando estábamos/estuvimos haciendo un examen, sonó/sonaba un teléfono móvil y
     el profesor se enfadó mucho.

ñ Estructuras comparativas

• Con sustantivos y adjetivos	• Con verbos
más ...... que	más que
menos ...... que	menos que
tan ...... como	tanto como
tanto/a/os/as ...... como	

Juan es tan alto como Andrés. (adjetivo)
Yo no tengo tantas vacaciones como tú. (sustantivo)
Yo trabajo tanto como mi hermana. (verbo)

4 COMPLETA con *más, menos, tan, tanto, que,* etc.

a. • ¿Estás enfermo? Siempre estás cansado, yo siempre estoy en forma.
   • Lo que pasa es que trabajo ...*más*.. que tú, me levanto .... temprano y duermo .... horas.
b. • ¡La película es horrible!
   • Cállate, yo estoy .... aburrido como tú, pero no protesto tanto.
c. • A mí me gusta viajar .... a Antonio, él prefiere quedarse en casa.
   • Pues a Santiago le gusta viajar .... como a mí, y salimos todos los fines de semana, y en
     vacaciones, claro.
d. • ¡Me gustaría tener tantos amigos .... tú!
   • Pero tú tienes .... amigas que yo.
e. • Mis hijos no son .... estudiosos .... los tuyos y tengo que estudiar con ellos todas las
     tardes.
   • No creas, ahora estudian .... antes.
f. • ¿Vais este año de vacaciones al norte?
   • No, a mí me gusta .... el calor .... el frío, así que este año vamos a la playa.

Actividades

1   LEE el titular del periódico y relaciónalo con el resumen al que hace referencia.

a. Estreno de la última película de Hollywood. Tras diez años sin verse, un grupo de antiguos compañeros de colegio vuelven a reunirse. El encuentro, muy esperado por todos ellos, tiene un final inesperado.

b. Un matrimonio noruego se separa sin acuerdo tras treinta años de convivencia. El juez tiene que decidir a quién pertenece la vivienda.

c. Los supervivientes de la tragedia del avión chileno se reúnen después de 30 años de la catástrofe en una ceremonia llena de emoción y recuerdos.

d. Llegan al aeropuerto de Barajas los treinta exploradores atrapados tres semanas por una tormenta de nieve en el Everest.

2   Esta es la noticia. Lee la crónica y COMPLÉTALA con los verbos del recuadro.

El viernes 13 de octubre de 1972 un avión uruguayo, que .... 45 pasajeros a Chile, muchos estudiantes y jugadores de un equipo de *rugby*, ... en la Cordillera de los Andes. Doce pasajeros .... a causa de la caída.

Los supervivientes soportaron entre otras cosas los treinta grados bajo cero durante las noches. Intentaron resistir con los pocos alimentos que ...., confiando en un rescate. Por una radio, ... que la búsqueda se abandonaba. Para sobrevivir tuvieron que alimentarse de restos humanos. Cansados de las bajísimas temperaturas y angustiados por la muerte de sus compañeros, dos de los jugadores de *rugby* .... cruzar las inmensas montañas para llegar a Chile. Así, tras 72 días aislados de todo, el mundo .... de la historia de los dieciséis supervivientes que .... a la muerte en la Cordillera de los Andes.

El jueves 10 de octubre de 2002 partió hacia la ciudad de Santiago un avión con 14 de los sobrevivientes. Después de treinta años, se encontraron para celebrar el 30 aniversario del accidente: .... una ceremonia religiosa y un partido de *rugby* entre supervivientes y jugadores veteranos.

> hubo
> murieron
> tenían
> vencieron
> llevaba
> decidieron
> se enteró
> se estrelló
> escucharon

3   ESCUCHA la crónica del periodista y comprueba tus respuestas.

Descubriendo

Acontecimientos históricos en España desde 1975

C. J. Cela, premio Nobel de Literatura

1 *Antes de leer, contesta a las preguntas.*

¿Sabes...
   a. cómo se llama el Rey de España?
   b. en qué año se celebraron los Juegos Olímpicos?
   c. cómo se llama la moneda oficial de España?

A la muerte del General Franco, en 1975, Don Juan Carlos de Borbón fue nombrado rey de España. Comenzó entonces el período de la Transición, que tuvo como objetivo transformar el sistema dictatorial en una democracia. Gracias a la voluntad política de algunas personas clave, a la moderación de las principales fuerzas políticas y al apoyo del pueblo español, el 15 de junio de 1977 se celebraron las primeras elecciones generales desde la Guerra Civil y un año después se aprobó la Constitución. Ganó el partido UCD (Unión de Centro Democrático) que gobernó durante una época muy conflictiva.

Firma de la entrada de España en la CEE

En 1982, otras elecciones dieron la victoria al PSOE (Partido Socialista Obrero Español). Desde entonces, España poco a poco fue logrando un reconocimiento internacional en muchos ámbitos: en 1989 se concedió el Premio Nobel de Literatura a C. J. Cela y tres años más tarde, llegó el año decisivo que transmitió una imagen moderna de España: se conmemoró el V Centenario del Descubrimiento de América, se celebraron los Juegos Olímpicos en Barcelona y Madrid fue la Capital Europea de la Cultura. El cine español ha tenido muy buena acogida en distintos festivales del mundo e incluso ha recibido varios Oscar en los últimos años.

Olimpiadas de Barcelona de 1992

A principios del siglo XXI, España es un país más de la Unión Europea (desde 1986), con la que comparte mercados, la moneda (el euro es oficial desde 2002) y los mismos ideales democráticos.

2 *Lee el texto y relaciona cada hecho histórico con su fecha.*

1. Celebración de los JJ.OO. en Barcelona.	1992
2. Entrada de España en la UE.	1975
3. Proclamación de Juan Carlos I como rey de España.	1989
4. Primeras elecciones democráticas.	1977
5. Concesión del Premio Nobel de Literatura a Camilo José Cela.	1986

Internet

España es hoy una monarquía parlamentaria. La monarquía tuvo un papel fundamental en la consolidación del sistema democrático. Entra en www.edelsa.es (Actividades en la Red) y realiza la tarea para conocer más datos.

Glosario

español	alemán	francés	inglés	italiano	portugués

a

español	alemán	francés	inglés	italiano	portugués
abajo	unten	en bas	down	giù, sotto	abaixo
abanico (el)	fan	éventail	fan	ventaglio	leque
abril	april	avril	april	aprile	abril
abrir	öffnen	ouvrir	to open	aprire	abrir
abuelo/a (el/la)	Grossvater /-mutter	grand-père	grandfather	nonno	avô, avó
aburrido/a	langweilig	ennuyeux	boring	noioso	entediado, cansativo
acabar	beenden	finir	to finish	finire	acabar
accidente	Unfall	accident	accident	incidente	acidente
aceite (el)	Öl	huile	oil	olio	óleo, azeite de oliva
aceptar	akzeptieren	accepter	to accept	accettare	aceitar
acontecimiento (el)	Ereignis	évènement	happening	avvenimento	acontecimento
acordarse	sich erinnern	se souvenir de	to remember	ricordarsi	lembrar-se
acostarse	zu Bett gehen	se coucher	to go to the bed	coricarsi	deitar-se
actor/actriz (el/la)	Schauspieler/-in	acteur	actor	attore	ator
además	ausserdem	de plus	besides	inoltre	além disso, aliás
adiós	auf Wiedersehen	au revoir	good-bye	ciao, arrivederci	tchau, adeus
adivinar	wahrsagen, voraussagen	deviner	to guess, to solve	indovinare	adivinhar
aeropuerto (el)	Flughafen	aéroport	airport	aeroporto	aeroporto
agosto	August	août	august	agosto	agosto
agradecer	danken	remercier	to thank	ringraziare	agradecer
agua (el)	Wasser	eau	water	acqua	água
ahí	dort	là	there	là, lì	aí
ahora	jetzt	maintenant	now	adesso	agora
ahorrar	sparen	épargner	to save	risparmiare	economizar
aire (el)	Luft	air	air	aria	ar
ajedrez (el)	Schachspiel	les échecs	chess	scacchi	xadrez
ajo (el)	Knoblauch	ail	garlic	aglio	alho
alegre	fröhlich	joyeux	happy	allegro	alegre
alemán/-a	Deutsche	allemand	German	tedesco	alemão
alergia (la)	Allergie	joie	hay fever	allergia	alergia
algo	etwas	quelque chose	something	qualcosa	algo
alguien	jemand	quelqu'un	someone	qualcuno	alguém
alguno/a	irgendeiner	quelque	some	qualche	algum
allá, allí	dort	là-bas	there	lì, là	ali
alquiler	Mieten	loyer	rent	affitto	alugel
alto/a	hoch	grand	tall, high	alto	alto
amigo/a (el/la)	Freund	ami	friend	amico	amigo
amor (el)	Liebe	amour	love	amore	amor
amueblado/a	mit Möbeln ausstatten	meublé	furnished	ammobiliato	mobiliado
andar	gehen	marcher	to walk, to go	camminare	andar
animal (el)	Tier, tierisch	animal	animal	animale	animal
anoche	gestern abend	hier soir	last Night	Ieri sera/notte	ontem à noite
antes	früher	avant	before	prima	antes
antiguo/a	langjährig	ancien	old	antico	antigo
antipático/a	unsympathisch	antipathique	unpleasant	antipatico	antipático
anuncio (el)	Anzeige	publicité	advertisement	annuncio	anúncio
año (el)	Jahr	année	year	anno	ano
apagar	ausmachen	éteindre	to put out	spegnere	apagar
apellido (el)	Familienname	nom	surname	cognome	sobrenome
aquí	hier	ici	here	qui	aqui
árbol (el)	Baum	arbre	tree	albero	árvore
armario (el)	Schrank	armoire	wardrobe, closet	armadio	armário
arriba	oben	en haut	up, above	su, sopra	acima
arroz (el)	Reis	riz	rice	riso	arroz
ascensor (el)	Aufzug	ascenseur	lift	ascensore	elevador
así	so	ainsi	so	cosí	assim
avenida (la)	Allee	avenue	avenue	corso	avenida
avión (el)	Flugzeug	avion	airplane	aereo	avião
ayer	gestern	hier	yesterday	ieri	ontem
ayudar	helfen	aider	to help	aiutare	ajudar
azafata (la)	Stewardeß	hôtesse	airline hostess	hostess	aeromoça
azúcar (el)	Zucker	sucre	sugar	zucchero	açúcar
azul	blau	bleu	blue	azzurro, blu	azul

b

español	alemán	francés	inglés	italiano	portugués
bailar	tanzen	danser	to dance	ballare	dançar
bajar	herunternehmen	descendre	to go down	scendere	baixar
bajo/a	klein, niedrig	bas, petit	low, short	basso	baixo
balcón (el)	Balkon	balcon	balcony	balcone	varanda
banco (el)	Bank	banque	bank	banca	banco
bañarse	bescheinen	se baigner	to take a bath	fare il bagno	banhar-se
baño (el)	Bade	bain	bath	bagno	banho
bar (el)	Bar	bar	bar	barba	bar
barba (la)	Bart	barbe	beard	barba	barba
bastante	ziemlich, genug	assez	enough	abbastanza	bastante
beber	trinken	boire	to drink	bere	beber
bebida (la)	Getränk	boisson	drink	bibita	bebida
bicicleta (la)	Fahrrad	bicyclette	bicycle	bicicletta	bicicleta
bien	gut	bien	well	bene	bem
bienvenido/a	Willkomm	bienvenu	welcome	benvenuto	bem-vindo
bigote, (el)	Schnurrbart	moustache	moustache	baffi	bigode
blanco	weiss	blanc	white	bianco	branco
boda (la)	Hochzeit	mariage	wedding	nozze	casamento
bonito/a	schön	joli	pretty	bello, grazioso	bonito, belo
brazo (el)	Arm	bras	arm	braccio	braço
buenas noches	guten Abend	bonne nuit	good evening/night	buonanotte	boa noite
buenas tardes	guten Tag	bonsoir	good afternoon	buonasera	boa tarde

español	alemán	francés	inglés	italiano	portugués
bueno/a	gut	bon	good	buono	bom
buenos días	guten Morgen	bonjour	good morning	buongiorno	bom dia
buscar	suchen	chercher	to look for	cercare	procurar, buscar
buzón (el)	Briefkasten	boîte aux lettres	mailbox	buca delle lettere	caixa de correio
caballo (el)	Pferd	cheval	horse	cavallo	cavalo
cabeza (la)	Kopf	tête	head	testa	cabeça
cada	jeder	chaque	each	ogni	cada
caerse	stürzen	tomber	to fall down	cadere	cair
caja (la)	Schachtel	caisse	box, fund	cassa, scatola	caixa
calefacción (la)	Heizung	chauffage	heating	riscaldamento	aquecimento
calendario (el)	Kalender	calendrier	calendar	calendario	calendário
calle (la)	Strasse	rue	street	strada	rua
calor (el)	Wärme	chaleur	heat	caldo	calor
caluroso/a	heiß	chaud/chaleureux	hot, warm	caldo	calorento
cama (la)	Bett	lit	bed	letto	cama
camarero/a (el/la)	Ober	serveur	waiter	cameriere	garçom
cambiar	ändern	changer	to change	cambiare	mudar
camino (el)	Weg	chemin	road	cammino, sentiero	caminho
campo (el)	Feld	campagne	country, field	campagna	campo
canción (la)	Lied	chanson	song	canzone	canção, música
cara (la)	Gesicht	visage	face	faccia	cara, rosto
carácter (el)	Charakter(zug)	caractère	nature, kind	carattere	caráter
carne (la)	Fleisch	viande	meat	carne	carne
carné (el)	Personalausweis	carte d'identité	Identification Card	carta d'identitá	carteira
caro/a	teuer	cher	expensive	caro	caro
carretera (la)	Landstrasse	route	road, highway	strada	estrada
carta (la)	Brief	lettre	letter	lettera	carta
casa (la)	Haus, Wohnung	maison	home, house	casa	casa
casarse	sich heiraten	se marier	to get married	sposarsi	casar-se
catedral (la)	Dom	cathédrale	cathedral	duomo, cattedrale	catedral
celebrar	feiern	fêter	to celebrate	festeggiare	celebrar
cenar	zu Abend essen	dîner	to have dinner	cenare	jantar
cerca de	nahe	près de	near, close	vicino	perto, próximo
cerrar	schliessen	fermer	to close, to shut	chiudere	fechar
chico/a (el, la)	Junge/Mädchen	jeune garçon	boy	ragazzo	garoto, rapaz
cine (el)	Kino	cinéma	cinema	cinema	cinema
cita (la)	Termin	rendez-vous	appointment	appuntamento	encontro
ciudad (la)	Stadt	ville	city, town	città	cidade
ciudadano/a (el/la)	Bürger	citoyen	citizen, inhabitant	cittadino	cidadão
clasificar	einordnen	classer	to classify	classificare	classificar
cliente (el/la)	Klient	client	client, customer	cliente	cliente
coche (el)	Auto	voiture	car	auto, macchina	carro
cocina (la)	Küche	cuisine	kitchen	cucina	cozinha
colegio (el)	Schule	collège	school	scuola	colégio
color (el)	Farbe	couleur	colour	colore	cor
comedor (el)	Speiseraum	salle à manger	dining room	stanza da pranzo	sala de jantar
comer	essen	manger	to eat	mangiare	comer
comida (la)	Essen	repas	food	pranzo	comida, almoço
comisaría (la)	Kommissariat	commissariat	police office	commissario	delegacia
compañero/a (el/la)	Kommillitone	camarade	mate, partner	compagno	companheiro
comparar	vergleichen	comparer	to compare	confrontare	comparar
completar	ergänzen	compléter	to complete	riempire	completar
completo/a	vollständig	complet	full	completo	completo
comprar	kaufen	acheter	to buy	comprare	comprar
comprender	verstehen	comprendre	to understand	capire	compreender
comprobar	überprüfen	vérifier	to check	verificare	comprovar
comunidad (la)	Gemeinde	communauté	community	comunità	comunidade
conducir	fahren	conduire	to drive	guidare	dirigir, conduzir
conocer	kennen	connaître	to know	conoscere	conhecer
construir	bilden, bauen	construire	to build	costruire	construir
contar	erzählen	raconter	to count	raccontare, contare	contar
contestar	antworten	répondre	to answer, to reply	rispondere	contestar
continuar	fortsetzen	continuer	to go on with	continuare	continuar
correcto/a	richtig	correct	correct, right	corretto	correto
correo electrónico (el)	E-Mail	courrier électronique	e-mail	posta elettronica	correio electrónico
correos	Post	Poste (la)	Post Office	poste	correio
cosa (la)	Sache	chose	thing, matter	cosa	coisa
costa (la)	Küste	côte	coast	costa	costa
crear	schaffen	créer	to create	creare	criar
crecer	zunehmen	croître	to grow up	crescere	crescer
cruzar	durchkreuzen	traverser	to cross	attraversare	atravessar
cuadro (el)	Bild	tableau	picture	quadro	quadro
cubierto (el)	bedeckt	couvert	table service	coperto, posate	talher
cuerpo (el)	Körper	corps	body	corpo	corpo
cumpleaños (el)	Geburtstag	anniversaire	birthday	compleanno	aniversário
cumplir	Geburtstag feiern	fêter son anniversaire	to reach the age of	compiere	fazer aniversario
cuñado/a (el/la)	Schawager	beau-frère	brother-in-law	cognato	cunhado
dar	geben	donner	to give	dare	dar
dato (el)	Daten	donnée	fact, datum	dato	dado
debajo	unten	en dessous de	below	sotto	debaixo
decidir	entscheiden	décider	to decide	decidere	decidir
decir	sagen	dire	to say, tell	dire	dizer
dejar	lassen	laisser	to leave, to let	lasciare	deixar
delante	vorn	devant	in front of	davanti	na frente
delgado/a	dünn	mince	thin	magro	magro
demasiado	zuviel	trop	too much, many	troppo	demasiado, muito
dentro	darin	dedans	inside	dentro	dentro
dependiente (el/la)	Angestellte	vendeur	clerk, employee	commesso	atendente de loja
deporte (el)	Sport	sport	sport	sport	esporte

español	alemán	francés	inglés	italiano	portugués
derecha (la)	rechts	droite	right	destra	direita
desayunar	frühstücken	prendre le petit déjeuner	to have a breakfast	fare collazione	tomar o pequeno-almoço
desayuno (el)	Frühstück	petit-déjeuner	breakfast	colazione	café da manhã
descansar	ausruhen	se reposer	to rest	riposare	descansar
describir	beschreiben	décrire	to describe	descrivere	descrever
descubrir	entdecken	découvrir	to find out	scoprire	descobrir
desear	wünschen	souhaiter	to wish	desiderare	desejar
despedirse	sich verabschieden	dire au revoir	to say goodbye	salutare	despedir-se
después	später, danach	après	after	dopo	depois
detrás	hinten	derrière	behind	dietro	atrás
día (el)	Tag	jour	day	giorno	dia
dibujo (el)	Zeichnung	dessin	drawing	disegno	desenho
diciembre	Dezember	décembre	december	dicembre	dezembro
diferencia (la)	Unterschied	différence	difference	differenza	diferença
dinero (el)	Geld	argent	money	soldi	dinheiro
dirección (la)	Adresse	adresse	address	indirizzo	direção
dirigir	richten	diriger	to direct	dirigere	dirigir
disculparse	entschuldigen	s' excuser	to excuse	scusare	desculpar
distancia (la)	Entfernung	distance	distance	distanza	distinguir
distinto/a	verschieden	différent	different	diverso	diferente
divertido/a	lustig	amusant	funny	divertente	divertido/a
divorcio (el)	Ehescheidung	divorce	divorce	divorzio	divórcio
documento (el)	Urkunde	document	document, paper	documento	documento
doler	schmerzen	avoir mal	to ache	fare male	doer
dolor (el)	Schmerz	douleur	pain	dolore	dor
domingo (el)	Sonntag	dimanche	sunday	domenica	domingo
don, doña	Herr/Frau	monsieur	Mister	signor	dom
dormirse	einschlafen	s'endormir	to fall sleep	addormentarsi	dormir
dormitorio (el)	Schlafzimmer	chambre à coucher	bedroom	camera da letto	dormitório

español	alemán	francés	inglés	italiano	portugués
edad (la)	Alter	âge	age	età	idade
edificio (el)	Gebäude	bâtiment	building	palazzo	ddifício
ejercicio (el)	Übung, Bewegung	exercice	exercise	esercizio	dxercício
elegir	wählen	choisir	to choose	scegliere	escolher
empezar	anfangen	commencer	to begin	iniziare	começar
empresa (la)	Betrieb	entreprise	company	ditta, impresa	empresa
enamorarse	sich verlieben	tomber amoureux	to fall in love	innamorarsi	apaixonar
encantado/a	angenehm	enchanté	delighted, bewitched	lieto	encantado
encima	oben	sur	on top	sopra	em cima
encontrar	finden	trouver	to find	trovare, incontrare	encontrar
enero	Januar	janvier	january	gennaio	janeiro
enfermedad (la)	Krankheit	maladie	illness	malattia	doença
enfermero/a (el/la)	Krankenwärter	malade	nurse	infermiere	enferméro
enfrente	gegenüber	en face	across from	di frente	em frente
enseñar	lehren	enseigner	to teach	insegnare	ensinar
entender	verstehen	comprendre	to understand	capire	entender
entonces	dann	alors	then, well	allora	então
entrada (la)	Eintritt	entrée	entrance	ingresso	bilhete
entrar	eintreten	entrer	to go in, to enter	entrare	entrar
entrevista (la)	Interview	entretien	interview	Intervista, colloquio	entrevista
enviar	senden	envoyer	to send	inviare	enviar
escoger	auswählen	choisir	to choose	scegliere	escolher
escribir	schreiben	écrire	to write	scrivere	escrever
escritor/-a (el/la)	Schriftsteller	écrivain	writer	scrittore	escritor
escuchar	zuhören	écouter	to listen	ascoltare	escutar
espalda (la)	Rücken	dos	back	schiena	costas
esperar	warten / hoffen	attendre	to wait	aspettare, sperare	esperar
esquiar	Ski fahren	faire du ski	to ski	sciare	esquiar
estación (la)	Bahnhof	gare	station	stazione	estação
estantería (la)	Regal	étagère	shelf	scaffale	estante
estar	sein	être	to be	stare	estar
Este (el)	Osten	est	East	est	leste
estudiar	studieren	étudier	to study	studiare	estudar
estupendo/a	wunderbar	magnifique	marvellous	stupendo	óptimo
explicar	erklären	expliquer	to explain	spiegare	explicar

español	alemán	francés	inglés	italiano	portugués
fácil	einfach	facile	easy	facile	fácil
falso/a	falsch	faux	false	FALSO	FALSO
familia (la)	Familie	famille	family	famiglia	família
famoso, a	berühmt	célèbre	famous	famoso	famoso
farmacia (la)	Apotheke	pharmacie	chemist's	farmacia	farmácia
febrero	Februar	février	february	febbraio	fevereiro
fecha (la)	Datum	date	date	data	data
felicitar	gratulieren	souhaiter, féliciter	to congratulate	fare gli auguri	felicitar
feliz cumpleaños	glücklich	joyeux anniversaire	happy bithday	buon compleanno	feliz
femenino/a	weiblich	féminin	female	femminile	feminino
feo/a	hässlich	vilain, laid	ugly	brutto	feio
fiebre (la)	Fieber	fièvre	fever	febbre	febre
fiesta (la)	Fest, Feiertag	fête	party	festa	festa
final (el)	Ende	fin	end	fine	final
foto (la)	Aufnahme	photo	photo	foto	foto
frase (la)	Satz	phrase	sentence	frase	frase
frío (el)	Kälte	froid	cold	freddo	frio
fuego (el)	Flamme	feu	fire, light	fuoco	fogo
fuerte	stark	fort	strong	forte	forte

español	alemán	francés	inglés	italiano	portugués
gafas (las)	Brille	lunettes	glasses	occhiali	óculos
ganar	gewinnen	gagner	to win	vincere	ganhar
garganta	Kehle, Gurgel	gorge	throat	gola	garganta
gato (el)	Katze	chat	cat	gatto	gato
gente (la)	Leute	les gens	people	gente	gente

español	alemán	francés	inglés	italiano	portugués
girar	abbiegen	tourner	to turn	girare	girar
gordo/a	dick	gros	fat	grosso	gordo
gracias	Danke	merci	thanks	grazie	obrigado
grande	gross	grand	big	grande	grande
guapo/a	hübsch	beau	handsome	bello	bonito
guía (el, la)	Führer	guide	leader	guida	guia
gustar	gefallen	aimer	to like	piacere	gostar

haber	haben	avoir	to have	avere	haver
habitación (la)	Zimmer	pièce/chambre	room	camera	quarto
habitante (el, la)	Einwohner	habitant	citizen, inhabitant	abitante	habitante
hablar	sprechen	parler	to speak	parlare	falar
hacer	machen, tun	faire	to do, to make	fare	fazer
hasta luego	bis nachher	à tout à l'heure	see you soon	arrivederci, a più tardi	até logo
hasta mañana	bis Morgen	à demain	see you tomorrow	a domani	até amanhã
hermano/a (el/la)	Bruder	frère	brother	fratello	irmão
hijo/a (el/la)	Sohn/Tochter	fils	son	figlio	filho
hola	Hallo	salut	hello	ciao	oi, olá
hombre (el)	Mann	homme	man	uomo	homem
hora (la)	Uhr, Stunde	heure	hour	ora	hora
horario (el)	Arbeitszeit	horaire	time-table	orario	horário
hospital (el)	Krankenhaus	hôpital	hospital	ospedale	hospital

idioma (el)	Sprache	langue	language	lingua	idioma
iglesia (la)	Kirche	église	church	chiesa	igreja
impreso (el)	Drucksache	formulaire	printed form	modulo, formulario	impresso
imprimir	drucken	imprimer	to print	stampare	imprimir
indicar	zeigen	indiquer	to show	indicare	indicar
información (la)	Auskunft	information	information	informazione	informação
informal	locker, unzuverlässig	informel	informal	informale	informal
informática (la)	Informatik	informatique	computer science	informatica	informática
ingeniero/a (el/la)	Ingenieur	ingénieur	engineer	ingegniero	engenheiro
inteligente	intelligent	intelligent	intelligent	intelligente	inteligente
invierno (el)	Winter	hiver	winter	inverno	inverno
invitar	einladen	Inviter	to invite	invitare	convidar
ir	gehen	aller	to go	andare	ir
isla (la)	Insel	île	island	isola	ilha
izquierda (la)	links	gauche	left	sinistra	esquerda

jamón (el)	Schinken	jambon	ham	prosciutto	presunto
joven	jung	jeune	young	giovane	jovem
juego (el)	Spiel	jeu	play	Gioco	jogo, brincadeira
jueves (el)	Donnerstag	jeudi	thursday	giovedì	quinta-feira
jugar	spielen	jouer	to play	giocare	brincar, joga
julio	Juli	juillet	july	luglio	julho
junio	Juni	juin	june	giugno	junho
junto	nahe	près de	close to	unito, vicino	junto

| kiosco (el) | Kiosk | kiosque | kiosk | edicola | banca de jornal |

lado (el)	Seite	côté	side	lato	lado
lámpara (la)	Lampe	lampe	lamp	lampada	candeeiro
lavarse	Waschen	se laver	to wash	lavare	lavar
leche (la)	Milch	lait	milk	latte	leite
leer	lesen	lire	to read	leggere	ler
lejos	weit	loin	far	lontano	longe
levantarse	aufstehen	se lever	to get up	alzarsi	levantar-se
ley (la)	Gesetz	loi	law	legge	lei
libro (el)	Buch	livre	book	libro	livro
licenciado/a	Lizentiat	diplômé	graduated	laureato	formado, graduado
limón (el)	Zitrone	citron	lemon	limone	limão
limpiar	putzen	nettoyer	to clean	pulire	limpar
línea (la)	Leitung	ligne	line	linea	linha

llamar (por teléfono)	anrufen	téléphoner	to call	chiamare	chamar
llamarse	heissen	s'appeler	to be named	chiamarsi	chamar-se
llegar	ankommen	arriver	to arrive	arrivare	chegar
lleno/a	voll	plein	full	pieno	cheio
llevar	tragen, bringen	porter	to take, to carry	portare	levar
llorar	weinen	pleurer	to cry	piangere	chorar
llover	regen	pleuvoir	to rain	piovere	chover
lluvia (la)	Regen	pluie	rain	pioggia	chuva
lugar (el)	Ort	lieu	place	luogo	lugar
lujo (el)	Pracht	luxe	luxury	lusso	luxo
luna (la)	Mond	lune	moon	luna	lua
lunes (el)	Montag	lundi	monday	lunedì	segunda-feira
luz (la)	Licht	lumière	light	luce	luz

madre (la)	Mutter	mère	mother	madre	mãe
maleta (la)	Koffer	valise	suitcase	valigia	mala
malo/a	schlecht	mauvais	bad	cattivo	mau/má
mano (la)	Hand	main	hand	mano	mão
mantequilla (la)	Butter	beurre	butter	burro	manteiga
manzana (la)	Apfel	pomme	apple	mela	maçã
mañana (la)	Morgen	matin	morning	domani	manhã
marido (el)	Ehemann	époux, mari	husband	marito	marido
martes (el)	Dienstag	mardi	tuesday	martedì	terça-feira

español	alemán	francés	inglés	italiano	portugués
marzo	März	mars	march	marzo	março
más	mehr	davantage	more	più	mais
masculino/a	männlich	masculin	male	maschile	masculino
mayo	Mai	mai	may	maggio	maio
mayor	grösser	plus grand	main	maggiore	maior
médico/a (el/la)	Arzt	médecin	doctor	medico, dottore	médico
mejor	besser	meilleur	better	migliore	melhor
menos	weniger	moins	less	meno	menos
mensaje (el)	Botschaft	message	message	messaggio	mensagem
merendar	vespern	goûter	to have tea	fare merenda	fazer lanche
mes (el)	Monat	mois	month	mese	mês
mesa (la)	Tisch	table	table	tavolo	mesa
metro (el)	U-Bahn	métro	subway, underground	metropolitana	metrô; metro
miércoles (el)	Mittwoch	mercredi	wednesday	mercoledì	quarta-feira
mirar	betrachten, ansihen	regarder	to look at, to see	guardare	olhar
moda (la)	Mode	mode	fashion	moda	moda
momento (el)	Augenblick	moment	moment, instant	momento	momento
montaña (la)	Berg	montagne	mountain	montagna	montanha
monumento (el)	Sehenswürdigkeit	monument	monument	monumento	monumento
moreno/a	dunkelhäutig	brun	dark	bruno	moreno
morirse	sterben	mourir	to die	morire	morrer
moto (la)	Motorrad	motocyclette	motorcycle	motocicletta	motocicleta
mover	bewegen	bouger	to move	muovere	mover
móvil (el)	Handy	mobile	mobile	cellulare	telemóvel
mueble (el)	Möbelstück	meuble	piece of furniture	mobile	móvel
mujer (la)	Frau, Ehefrau	femme	woman	donna, moglie	mulher, esposa
mundo (el)	Welt	monde	world	mondo	mundo
nacer	geboren werden	naître	to be born	nascere	nascer
nacionalidad (la)	Nationalität	nationalité	nationality	nazionalità	nacionalidade
nada	nichts	rien	nothing	niente	nada
naranja (la)	Orange	orange	orange	arancione	laranja
navegar	segeln	naviguer	to sail	navigare	navegar
Navidad (la)	Weihnacht	Noël	Chritsmas	Natale	Natal
necesitar	benötigen, brauchen	avoir besoin de	to need	avere bisogno di	precisar de, necessitar de
negro/a	schwarz	noir	black	nero	preto
nevar	schneien	neiger	to snow	nevicare	nevar
niebla (la)	Nebel	brume	fogg	nebbia	névoa
nieto/a (el/la)	Enkel	petit-fils	grandson	nipote	neto
ninguno/a	niemand	aucun	not any	nessuno	nenhum
niño/a (el/la)	Kind	enfant	child	bambino	menino, a criança
noche (la)	Nacht	nuit	night	notte	noite
nombre (el)	Name	prénom	name	nome	nome
Norte (el)	Norden	nord	north	nord	norte
noviembre	November	novembre	november	novembre	novembro
nube (la)	Wolke	nuage	cloud	nuvola	nuvem
nublado/a	Gewölk	nuageux	cloudy	nuboloso	nublado
nuevo/a	neu	nouveau	new	nuovo	novo
número (el)	Nummer	nombre	number	numero	número
objeto (el)	Gegenstand	objet	object	oggetto	objeto
octubre	Oktober	octobre	october	ottobre	outubro
ocurrir	geschehen	arriver	to happen	accadere, succedere	ocorrer
Oeste (el)	Westen	ouest	west	ovest	oeste
oferta (la)	Angebot	offre	offer, proposal	Offerta	oferta
oficina (la)	Büro	bureau	office	ufficio	escritório
oído (el)	Gehör	ouïe	ear	orecchio, udito	ouvido
oír	hören	écouter	to hear, to listen to	sentire, ascoltare	ouvir
ojo (el)	Auge	oeil	eye	occhio	olho
ordenador (el)	Computer	ordinateur	computer	computer	computador
origen (el)	Herkunft, Ursprung	origine	origin	origine	origem
otoño (el)	Herbst	automne	autumn, fall	autunno	outono
paciente (el/la)	geduldig	patient	patient	paziente	paciente
padre (el)	Vater	père	father	padre	pai
padres (los)	Eltern	parents	parents	genitori	pais
pagar	zahlen	payer	to pay	pagare	pagar
página (la)	Seite	page	page	pagina	página
país (el)	Land	pays	country	nazione, paese	país
paisaje (el)	Landschaft	paysage	landscape	paesaggio	paisagem
palabra (la)	Wort	mot	word	parola	palavra
pan (el)	Brot	pain	bread	pane	pão
panadería (la)	Bäckerei	boulangerie	bakery	panetteria	padaria
papel (el)	Papier	papier	paper, role	carta	papel
paraguas (el)	Regenschirm	parapluie	umbrella	ombrello	guarda-chuva
parecer	scheinen, aussehen wie	paraître	to seem	sembrare	parecer
pareja (la)	Partner, Para	couple	partner, couple	compagno, coppia	parceiro
parte (la)	Teil, Seite	partie	part, section	parte	parte
pasado (el)	Vergangenheit	passé	past	passato	passado
pasajero/a (el/la)	Vorübergehend	passager	passenger	passeggero	passageiro
pasaporte (el)	Reisepass	passeport	passport	passaporto	passaporte
pasear	spazieren gehen	se promener	to take for a walk	passeggiare	passear
paseo (el)	Spaziergang	promenade	walk, ride	viale, corso	passeio
pasillo (el)	Gang	couloir	corridor	corridoio	corredor
paso (el)	Schritt	pas	passage, step	passo, passaggio	passo
pastel (el)	Kuchen	gâteau	cake	torta	bolo
patata (la)	Kartoffel	patate	potato	patata	batata
pedir	bitten, bestellen	demander	to ask for	richiedere, chiedere	pedir
pelo (el)	Haar	cheveux	hair	capelli	cabelo
peluquero/a (el/la)	Friseur	coiffeur	hairdresser	parrucchiere	cabeleireiro
península (la)	Halbinsel	péninsule	peninsula	penisola	península

español	alemán	francés	inglés	italiano	portugués
pensar	denken	penser	to think	pensare	pensar
pequeño/a	klein	petit	little, small	piccolo	pequeño
perder	verlieren	perdre	to lose	perdere	perder
perdón	Begnadigung	pardon	pardon	perdono	perdão
periódico (el)	Zeitung	journal	newspaper	giornale	jornal
pero	aber	mais	but	ma, Però	mas, Porém
perro (el)	Hund	chien	dog	cane	cachorro
persona (la)	Mensch	personne	person	persona	pessoa
personaje (el)	Persönlichkeit	personnage	caracther	personaggio	personagem
pie (el)	Fuss	pied	foot	piede	pé
piedra (la)	Stein	pierre	stone	pietra	pedra
pierna (la)	Bein	jambe	leg	gamba	perna
pintor/a (el/la)	Maler	peintre	painter	pittore	pintor
piscina (la)	Schwimmbad	piscine	swimming pool	piscina	piscina
piso (el)	Stock, Wohnung	étage, appartement	flat, apartment	piano, appartamento	apartamento
plano (el)	Stadtplan	plan	map	piano, piantina	planta
planta (la)	Pflanze	plante	plant	pianta	planta
plátano (el)	Banane	banane	banana	banana	banana
playa (la)	Strand	plage	beach	spiaggia	praia
plaza (la)	Platz	place	square, place	piazza	lugar, praça
población (la)	Bevölkerung	population	population	popolazione	população
poco/a	wenig	peu	a little, a few	poco	pouco
poder	können, dürfen	pouvoir	can, to be able to	potere	poder
policía (la)	Polizei	police	policeman	polizia	polícia
pollo (el)	Hähnchen	poulet	chicken	pollo	frango
poner	legen	mettre	to put	mettere	pôr
por favor	bitte	s'il vous/te plaît	please	prego	por favor
por qué?	Warum?	pourquoi?	why?	perché?	por quê?
porque	weil	parce que	because	perché	porque
postal (la)	Postkarte	carte postale	post card	cartolina, postale	cartão-postal
precio (el)	Preis	prix	price	prezzo	preço
pregunta (la)	Frage	question	question	domanda	pergunta
premio (el)	Preis	prix	award	premio	prémio
presentar	vorstellen	présenter	to present	presentare	apresentar
primavera (la)	Frühling	printemps	spring	primavera	primavera
primero, a	erste	premier	first	primo	primeiro
principio (el)	Anfang	début	beginning	principio	princípio
problema (el)	Problem	problème	trouble	problema	problema
profesión (la)	Beruf	profession	job	professione	profissão
profesor/-a (el, la)	Lehrer	professeur	teacher	professore	professor
proyecto (el)	Projekt	projet	plan	progetto	projecto
pueblo (el)	Volk	village	village	paese	povo
puerta (la)	Dorf	porter	door	portare	povo, povoado

q

quemadura (la)	Brandwunde	brûlure	burn	scottatura	queimadura
querer	wollen/lieben	vouloir, aimer	to want, to love	volere, amare	querer
querido/a	Ließer	cher	dear	caro	querido
queso (el)	Käse	fromage	cheese	formaggio	queijo

r

radio (la)	Radio	radio	radio	radio	radio
recibir	bekommen	recevoir	to receive	ricevere	receber
recordar	erinnern	se rappeler de	to remember	ricordare	lembrar
regalo (el)	Geschenk	cadeau	gift, present	regalo	presente
reír	lachen	rire	to laugh	ridere	rir
relación (la)	Beziehung	relation	relationship	relazione	relação
repetir	wiederholen	répéter	to repeat	ripetere	repetir
reservar	Buchung	réservation	reservation	prenotare, riservare	reservar
responder	antworten	répondre	to answer	rispondere	responder
restaurante (el)	Restaurant	restaurant	restaurant	ristorante	restaurante
resumen (el)	Zusammenfassung	résumé	summary	riassunto	resumo
reunión (la)	Versammlung	réunion	meeting	riunione	reunião
revista (la)	Zeitschrift	magazine	magazine	rivista	revista
rey/reina (el, la)	König	roi	king	re	rei
río (el)	Fluss	fleuve	river	fiume	rio
risa (la)	Lachen	rire	laugh	riso	riso, risada
rojo	rot	rouge	red	rosso	vermelho
romper	brechen	casser	to break	rompere	romper
rubio/a	blond	blond	blond	biondo	loiro

s

sábado (el)	Samstag	samedi	saturday	sabato	sábado
saber	wissen	savoir	to know	sapere	saber
sal (la)	Salz	sel	salt	sale	sal
salir	ausgehen	sortir	to go out	uscire	sair
salón (el)	Wohnzimmer	salon	lounge	salotto	salão
saludar	grüssen	dire bonjour	to greet	salutare	cumprimentar
saludo (el)	Gruss	salutation	greeting	saluto	cumprimento
sección (la)	Abschnitt	section	section	sezione	seção
seguir	fortsezen, folgen	suivre	to continue	continuare	seguir
segundo/a	zweite(r)	second	second	secondo	segundo
sello (el)	Briefmarke	timbre	stamp	francobollo	selo
semana (la)	Woche	semaine	week	settimana	semana
sentarse	sich setzen	s'asseoir	to sit down	sedersi	sentar-se
sentir	spüren	sentir	to feel	sentire	sentir
señor/-a (el/la)	Herr/Frau	monsieur	gentleman	signor	senhor
septiembre	September	septembre	september	settembre	setembro
ser	sein	être	to be	essere	ser
serie (la)	Folge	série	series	serie	série
sexto, a	sechste	sixième	sixth	sesto	sexto
siempre	immer	toujours	always	sempre	sempre
siglo (el)	Jahrhundert	siècle	century	secolo	século
significar	heissen, bedeuten	signifier	to mean	significare	significar

español	alemán	francés	inglés	italiano	portugués
siguiente	nächste	suivant	next	seguente, successivo	seguinte
silla (la)	Stuhl	chaise	chair	sedia	cadeira
sillón (el)	Sessel	fauteuil	arm chair	poltrona	cadeirão, poltrona
simpático/a	sympathisch	sympathique	nice	simpatico	simpático
sobrino/a (el/la)	Neffe / Nichte	neveu	nephew	nipote	sobrinho
sofá (el)	Sofa	sofa	sofa	divano	sofá
sol (el)	Sonne	soleil	sun	sole	sol
soleado/a	sonnig	ensoleillé	sunny	soleggiato	solarengo
sombrero (el)	Hut	chapeau	hat	cappello	chapéu
sonido (el)	Ton	son	sound	suono	som
sorpresa (la)	Überraschung	surprise	surprise	sorpresa	surpresa
subir	steigen	monter	to go up	salire	subir
suelo (el)	Boden	sol	floor	pavimento	solo, chão
suerte (la)	Glück	chance	luck	fortuna	sorte
supermercado (el)	Supermarkt	supermarché	supermarket	supermercato	supermercado
Sur (el)	Süden	sud	south	sud	sul
también	auch	aussi	too	anche	também
tampoco	auch nicht	non plus	neither	neanche	também não, tampouco
tarde (la)	Nachmittag	après-midi	afternoon	pomeriggio	à tarde
tema (el)	Thema	sujet	theme	tema	tema
tener	haben	avoir	to have	avere	ter
tercero/a	dritter	troisième	third	terzo	terceiro
terminar	beenden	terminer	to end	finire	terminar
terraza (la)	Terrasse	terrasse	terrace	terrazzo	varanda
tiempo (el)	Zeit, Wetter	temps	time, weather	tempo	tempo
tienda (la)	Geschäft	boutique	shop	negozio	loja
tilde (la)	Tilde	accent écrit	sign over letter	tilde, accento	acento gráfico
tío/a (el/la)	Onkel/Tante	oncle	uncle	zio	tio
todavía	noch	encore	still, yet	ancora	ainda
todo	alles	tout	all, whole	tutto	todo
tomar	nehmen	prendre	to take	prendere	tomar, apanhar
tomate (el)	Tomate	tomate	tomato	pomodoro	tomate
tonto/a	dumm	bête	stupid, silly	stupido, tonto	tolo
tormenta (la)	Sturm	orage/tempête	storm	tempesta, tormenta	tempestade
toro (el)	Stier	taureau	bull	toro	touro
tortilla (la)	Omelett	omelette	omelet	frittata	tortilha
tos (la)	Husten	toux	cough	tosse	tosse
trabajar	arbeiten	travailler	to work	lavorare	trabalhar
trabajo (el)	Arbeit	travail	job	lavoro	trabalho
tranquilo/a	ruhig	calme	still, calm	tranquillo	tranqüilo
transporte (el)	Verkehrsmittel	transport	transport	trasporto	transporte
tren (el)	Zug	train	train	treno	trem
triste	traurig	triste	sad	triste	triste
último/a	letzter/letzte	dernier	last	ultimo	último
usar	gebrauchen	utiliser	to use	usare	usar
uva (la)	Traube	raisin	grape	uva	uva
vaca (la)	Kuh	vache	cow	mucca	vaca
vacaciones (las)	Urlaub, Ferien	vacances	holidays	vacanze	férias
varios/as	verschieden	divers	several, various	molti, tanti	vários
vendedor/-a (el/la)	Verkäufer	vendeur	salesman	venditore	vendedor
vender	verkaufen	vendre	to sell	vendere	vender
venir	kommen	venir	to come	ritornare	vir
ventana (la)	Fenster	fenêtre	window	finestra	janela
ver	sehen	voir	to see	vedere	ver
verano (el)	Sommer	été	summer	estate	verão
verbo (el)	Zeitwort	verbe	verb	verbo	verbo
verdadero/a	wahr	vrai/authentique	true	vero	VERDADERO
verde	grün	vert	green	verde	verde
vestir	sich anziehen	habiller	to get dressed	vestirsi	vestir-se
vez (la)	Mal	fois	turn	volta	vez
viajar	reisen	voyager	to travel	viaggiare	viajar
viaje (el)	Reise	voyage	trip	viaggio	viagem
vida (la)	Leben	vie	life	vita	vida
viejo/a	alt	vieux	old	vecchio	velho
viento (el)	Wind	vent	wind	vento	vento
viernes (el)	Freitag	vendredi	friday	venerdì	sexta-feira
visitar	besuchen	visiter	to visit	visitare	visitar
vivir	leben	vivre	to live	vivere	viver
volver	zurückkommen	revenir/retourner	to come back	ritornare	voltar
zona (la)	Gebiet	zone	zone, area	zona	zona
zumo (el)	Saft	jus de fruit	juice	succo	sumo